Conseil central d'Hygiène et de Salubrité
du Nord.

QUESTION DES VIDANGES

DE

L'HÔPITAL SAINTE-EUGÉNIE.

LILLE,
IMPRIMERIE DE L. DANEL
—
1877.

CONSEIL CENTRAL D'HYGIÈNE & DE SALUBRITÉ DU NORD.

QUESTION DES VIDANGES

DE

L'HÔPITAL SAINTE-EUGÉNIE.

Depuis longtemps le Conseil central de Salubrité s'est préoccupé de la défectuosité du service de la vidange dans la ville de Lille, où le procédé ancien d'extraction des matières fécales est toujours en vigueur, et a cherché les améliorations qu'il serait possible d'y apporter, en tenant compte des conditions topographiques de la localité et des usages et coutumes invétérés dans la population, contre lesquels on aurait à lutter.

Pour arriver au but désiré, plusieurs moyens s'offraient à lui : d'abord, la désinfection des déjections avant la vidange des latrines ; 2° l'adoption des fosses mobiles ; 3° la séparation des solides d'avec les liquides, ceux-ci devant être envoyés à l'égout et les autres convertis en engrais ; enfin l'envoi direct et intégral à l'égout, du contenu des fosses d'aisance, méthode dite *anglaise*, adoptée dans quelques grandes villes traversées par un fleuve et jouissant d'une distribution d'eau abondante.

Le premier moyen fut essayé il y a 15 à 18 ans, en présence d'une Commission chargée de suivre les opérations et d'en constater les résultats. On eut recours au sulfate de fer, et on opéra sur les déjections alvines de la Citadelle. Les résultats obtenus, bien qu'incomplets, parurent néanmoins suffisamment satisfaisants, pour que le Conseil de Salubrité se crût autorisé à en conseiller l'adoption. Mais bientôt les cultivateurs refusèrent de s'approvisionner de ces matières, prétextant, à tort ou à raison, qu'elles nuisaient à leurs récoltes, par les ingrédients qu'elles contenaient. Il fallut, dès lors, renoncer à la désinfection.

Le système des fosses mobiles ne put être préconisé; il eût été nécessaire, pour cela, de changer la disposition des fosses d'aisance dans la majeure partie de la ville. Une tentative de ce genre eût rencontré de grandes difficultés dans les quartiers occupés par la classe ouvrière, où les fosses ont des dimensions fort restreintes. Il eût fallu en ordonner la reconstruction et l'agrandissement, mesure extrême qui eût soulevé des réclamations nombreuses et des résistances insurmontables de la part des propriétaires.

Quant au déversement des parties liquides seules ou des liquides et des solides dans les égouts, il n'y fallut pas songer. En effet, l'absence d'un cours d'eau considérable pour les recevoir, l'état défectueux des égouts, dont un grand nombre de rues étaient et sont encore privées aujourd'hui, ne permettaient point l'adoption d'un pareil système. Nos canaux, déjà altérés par les résidus industriels, eussent été rapidement empoisonnés par les résidus des fosses d'aisance, riches en matières organiques facilement décomposables. C'était d'ailleurs priver l'agriculture d'un engrais qui, dans nos contrées, est très-recherché et produit d'excellents résultats. Il fallut donc s'en tenir aux fosses fixes bien cimentées et rendues étanches, et pour qu'il fût possible d'avoir recours, pour vidanger, aux appareils perfectionnés, tels que le système dit atmosphérique. Le Conseil pria M. le Maire de la ville de déterminer et de prescrire, par un arrêté, les dispositions à observer dans la construction des fosses d'aisance des maisons neuves.

Là, en effet, le système diviseur des solides et des liquides était nettement exposé : il était parfaitement reconnu que les liquides seuls devaient parvenir à l'égoût. Cela est si vrai que, bien loin de dénoncer les actes de l'Administration comme une menace pour la santé publique, il se bornait, à défaut d'abandon du système, à réclamer la désinfection des liquides des fosses par un procédé chimique, avant le déversement dans les égouts.

Nous tenons donc bien à le constater ; ce qui était possible en 1870, l'est encore aujourd'hui ; ce que vous aviez estimé en 1869 devoir être l'objet d'une expérimentation ne peut être une chose jugée maintenant. Il n'est point question d'écouler dans les égouts des solides, même mélangés d'une quantité d'eau considérable, mais seulement des liquides parfaitement clairs. Depuis longtemps la municipalité a fait établir des urinoirs, dont les liquides, additionnés d'eau, s'écoulent dans les canaux. Des plaintes ont-elles surgi ? Aucune mesure préventive n'a jamais été prise ; et cependant, si l'on voulait calculer le nombre des visiteurs dans une journée, combien d'hectolitres de produits naturels perdus pour l'agriculture ?

Et ne croyez point, comme M. le Préfet, qu'il s'agisse *ici d'un système réprouvé partout comme contraire au plus simple élément de l'hygiène publique*, ce système, bien loin de là, est appliqué aujourd'hui dans toutes les grandes villes ; il est même devenu obligatoire dans la ville de Paris. (1)

Quelques mots à ce sujet ne sont pas hors de saison.

Lorsque, dans le cours des travaux de construction de l'hôpital Sainte-Eugénie, l'Administration des hospices eut à s'oc-

---

(1) A Bruxelles, le déversement du produit des latrines dans la Senne a donné lieu à des réclamations tellement nombreuses et à une infection de l'air tellement prononcée que la municipalité a dû faire couvrir cette rivière et la convertir en égoût. Cette mesure salutaire a donné satisfaction aux réclamants, mais elle n'a pas remédié au mal pour les riverains en aval de la ville. (*Note du Secrétaire-Général*).

cuper de la question des vidanges, elle ne voulut prendre une décision qu'après avoir fait une enquête sur les meilleurs procédés en usage. Le 20 février 1869, elle délégua une commission composée de deux membres et de M. Mourcou, architecte, qui se rendit à Paris où elle visita les hôpitaux Lariboisière, l'Hôtel-Dieu, l'hôpital Saint-Louis, l'hôpital Cochin, l'hôpital militaire du Val-de-Grâce, l'hôpital Necker, la Maison municipale de santé, l'hospice des Ménages, à Issy, et enfin tous les grands établissements publics dans lesquels l'assistance publique s'était trouvée aux prises avec la question difficile des vidanges.

Après une semaine passée dans ces laborieuses investigations, après avoir conféré avec les médecins les plus compétents, avec le Directeur de l'assistance publique, M. Husson, elle rapporta cette conviction, que les lieux d'aisance avec cuvettes remplies d'eau, que les urinoirs avec émission d'eau, constituaient les dispositions les meilleures pour la salubrité des salles, et des dépendances d'un hôpital, de même que les vidanges par le système diviseur avec enlèvement des solides renfermés dans des récipients hermétiquement clos, et écoulement des eaux à l'égout, constituaient le meilleur mode de vidange.

Ce système, d'ailleurs, a fait l'objet d'une instruction avec plans, rédigée par l'assistance publique de Paris; il est généralement adopté comme le plus perfectionné qui existe. (Paris, 1869. — Paul Dupont),

L'Administration de la ville de Paris s'est depuis longtemps préoccupée de la suppression des fosses fixes qui engendrent des miasmes délétères, et dont la vidange, surtout dans un hôpital, ne peut s'opérer sans que des émanations fétides se répandent dans l'atmosphère.

Elle avait déjà, en 1869, inauguré le mode actuel. Aussi, la vidange à l'égout existe-t-elle aujourd'hui non-seulement

La question en était là, lorsque, dans le courant d'août 1870, le Conseil central fut informé, par l'un de ses membres, qu'à l'hôpital Sainte-Eugénie on prenait, sans le consulter préalablement, les dispositions pour envoyer, dans l'égout du boulevard Montebello, les parties liquides des fosses d'aisance.

En présence de cette communication relative à un fait aussi grave, qui pouvait compromettre la salubrité publique, le Conseil nomma une Commission chargée de constater et d'examiner ce mode d'évacuation, puis, de lui faire un rapport qui serait adressé à l'Administration supérieure.

Ce rapport, adopté par le Conseil central, fut adressé à M. le Préfet le **15** août **1870**. Il était ainsi conçu :

MESSIEURS,

La Commission [1] que vous avez nommée pour visiter l'hôpital Sainte-Eugénie et vous indiquer si toutes les prescriptions de l'hygiène ont été suivies dans la distribution des différentes parties de cet établissement, s'est rendue à cet hôpital le 30 mai dernier. La Commission n'a eu généralement qu'à louer la distribution intérieure et les dispositions qui ont été prises pour assurer aux malades tout le bien-être désirable. Cependant il lui a semblé qu'au point de vue de l'hygiène publique, et même de l'intérêt bien entendu des habitants futurs de l'hôpital, elle devait attirer l'attention des autorités compétentes sur le projet de déversement dans les égouts de la ville et sans aucune épuration préalable, de toute la partie liquide des produits des fosses d'aisance. Au premier abord cela peut paraître assez

[1] Commissaires : MM. MEUREIN, PILAT, JOIRE, CHRESTIEN, DELEZENNE, POMMERET, et WINTREBERT, rapporteur.

indifférent, mais un examen plus attentif fait reconnaître facilement qu'il peut en résulter, pour la salubrité des différents quartiers de la ville, des conséquences très-fâcheuses.

La disposition adoptée à l'hôpital Sainte-Eugénie pour les cabinets d'aisance est identique à celle qui est établie à l'hôpital de Lariboisière, à Paris; elle consiste en une cuvette qui présente, à sa partie inférieure, un siphon dont la communication avec elle est ordinairement interceptée par une valve; on soulève cette valve à chaque opération et elle retombe d'elle-même en amenant un flot de liquide dans la cuvette. Cet appareil, supposé en bon état, offre l'avantage de prévenir d'une manière absolue l'arrivée dans les salles des émanations des fosses. En effet, la communication avec la fosse est interceptée par deux couches d'eau distinctes qui forment un obstacle infranchissable aux gaz. En revanche, les gaz développés dans le cabinet lui-même ne peuvent s'échapper par la fosse; et si l'on joint à cet inconvénient celui qui résulte de la nécessité de confier à des mains maladroites et inexpérimentées la manœuvre d'un appareil, si simple qu'il soit, sa détérioration possible, et par suite son fonctionnement irrégulier, on admettra qu'il eût été préférable de choisir un autre mode d'assainissement. Un appareil, dit M. Tardieu (Dictionnaire de la Salubrité), peut fonctionner d'une manière convenable dans un lieu servant d'appartement habité par des personnes soigneuses et directement intéressées à son fonctionnement régulier, mais il n'en est plus de même quand les lieux d'aisance sont fréquentés par un grand nombre d'individus.

D'ailleurs, il est toujours possible d'obtenir une désinfection complète des cabinets d'aisance sans l'aide d'aucun appareil, en établissant un appel en contre-bas, c'est-à-dire un appel qui, au moyen d'un conduit partant de la région supérieure de la fosse, oblige l'air du cabinet d'aisance à descendre pour remonter ensuite et se perdre dans l'atmosphère. Il suffit, pour donner à ce procédé une infaillibilité complète, de mettre le tuyau d'appel en communication avec une cheminée dont le tirage soit suffisant et à l'abri de toute interruption. L'hôpital Sainte-Eugénie se trouve, sous ce rapport, dans les meilleures conditions, puisque, par suite de l'établissement d'une machine à vapeur, il doit avoir une cheminée d'un tirage considérable.

Votre Commission est donc d'avis que l'assainissement des cabinets d'aisance aurait pu être obtenu d'une manière plus complète et plus durable, par l'établissement de tuyaux d'appel mis en rapport avec la cheminée principale de l'établissement, que par le fonctionnement des appareils adoptés.

Ce point n'est d'ailleurs que secondaire et n'aurait pas grande importance si l'établissement des cuvettes n'avait pas entraîné à l'idée de déverser dans les égouts la partie liquide des vidanges. En effet, dans le système adopté, les matières déposées dans la cuvette et mélangées à trois ou quatre litres d'eau arrivent dans la fosse et tombent dans un séparateur. Cet appareil retient les matières solides et laisse s'écouler les liquides qui se rendent directement dans l'égout du boulevard Montebello. Pour nous rendre compte des dangers que peut présenter pour la ville de Lille le mélange de ces eaux éminemment putrescibles et miasmatiques avec les liquides de l'égout, passons rapidement en revue leur marche à travers la ville.

L'égout du boulevard Montebello va se jeter dans le canal des Stations au point où ce dernier traverse le boulevard et y mélange ses eaux ; de sorte qu'il nous suffira de suivre le canal des Stations pour connaître le parcours des eaux de l'égout. Or, le canal des Stations, creusé en 1566 pour remédier au défaut de pente des canaux de la ville, en y faisant arriver les eaux de la Haute-Deûle, conduit ces eaux dans toutes les parties de l'ancienne ville. On peut donc dire que par le canal des Stations les vidanges de l'hôpital Sainte-Eugénie vont se répandre dans toutes les parties de la ville, car les canaux qui la sillonnent dans tous les sens reçoivent tous de l'eau du canal des Stations. Dans une portion notable de leur étendue, ces canaux sont encore à decouvert, de sorte que leurs émanations se répandent librement dans les habitations voisines (1).

Évaluons maintenant la quantité des liquides de vidanges qui sera fournie par l'hôpital Sainte-Eugénie à l'égout du boulevard. L'hôpital doit recevoir 400 lits, ce qui, avec le personnel attaché à l'établissement, donne un total d'au moins 500 personnes. En évaluant à un litre et demi la partie liquide des déjections produites par chacune en 24 heures, on obtient un total de 7 hectolitres 1/2 de liquides éminemment putrescibles qui, délayés dans une plus ou moins grande quantité d'eau, seront déversés journellement par l'hôpital dans l'égout du boulevard. La partie solide des vidanges restera, il est vrai, dans les appareils séparateurs, mais il ne faut pas oublier que c'est précisément dans la partie liquide que se trouvent en plus grande proportion les causes de fermentation putride. Rappelons-nous aussi que cette fermentation ne se développe qu'après un certain temps; si donc les liquides, au moment de leur arrivée dans l'égout, ne dégageaient aucune odeur désagréable, il faudrait bien se garder d'en conclure qu'ils soient inoffensifs.

A un autre point de vue, on pourrait trouver fâcheux ce mode de vidange en ce qu'il prive l'agriculture d'un engrais des plus actifs et des plus recherchés. La partie liquide des vidanges renferme, en effet, les éléments ammoniacaux qui donnent aux champs leur fertilité.

D'ailleurs, il est défendu, par un arrêté municipal, à tout particulier de déverser dans les égouts les produits de ses fosses d'aisance, et il y a lieu de s'étonner que, tout en maintenant avec raison cette défense pour les particuliers, on ne la fasse pas respecter lorsqu'il s'agit d'une agglomération de 500 individus, faisant partie d'un hôpital dont les produits sont néces-

(1) Une étude plus approfondie des canaux de la ville a fait reconnaître que l'aqueduc du boulevard Montebello se jette dans celui de la rue d'Esquermes et que ses eaux parcourent en partie la rue Notre-Dame, avant d'arriver dans le canal des Stations.

saırement plus infectueux que ceux des maisons ordinaires. A Bondy on reconnaît parfaitement, dit M. Tardieu, les vidanges qui viennent de certains établissements hospitaliers, et les jours où ces produits arrivent à la voirie sont marqués par un redoublement d'infection insupportable. On sait aussi que les épidémies, et le choléra en particulier, se propagent surtout par les déjections des malades, et les miasmes, portés par les vapeurs qui s'exhalent des cours d'eau, suivent facilement leur cours. De ces observations, il résulte que si une épidémie éclatait à l'hôpital Sainte-Eugénie, le déversement direct dans l'égout du liquide des vidanges, serait le plus sûr moyen de propager rapidement le mal dans toutes les parties de la ville.

Pour obvier en partie à tous ces inconvénients, on pourrait, il est vrai, procéder à la neutralisation préalable des matières par un procédé quelconque. Le meilleur serait celui qui, précipitant à l'état d'insolubilité toutes les substances miasmatiques et par suite tous les principes fertilisants, permettrait de n'envoyer à l'égout qu'une eau désormais inoffensive et inutile.

Au Grand-Hôtel du Louvre, à Paris, où l'on a adopté le système des séparateurs, les liquides, lors de la vidange, se rendent dans un réservoir central d'où on les retire à la pompe après désinfection, pour les envoyer à l'égout voisin. Aux Halles centrales, les liquides, avant de se rendre à l'égout arrivent dans un réservoir où ils se trouvent en contact avec un sel magnésien. Le phosphate ammoniaco-magnésien ne se formant qu'après la transformation de l'urée en carbonate d'ammoniaque, les liquides doivent séjourner dans le réservoir pendant environ trois jours.

Si l'on adoptait ce procédé, il faudrait donc que la capacité du réservoir fût en rapport avec la masse de liquide qui se rend dans les fosses pendant trois jours. Or, chaque manœuvre de la cuvette nécessite environ quatre litres d'eau ; de sorte que, en supposant quatre manœuvres par jour pour chaque individu, on pourrait évaluer à 500 fois 16 litres ou à 8,000 litres la quantité totale de liquide qui arriverait chaque jour dans les fosses. C'est là évidemment un maximum. Si on laissait séjourner ce liquide pendant trois jours dans un réservoir spécial, afin de permettre à la fermentation de s'effectuer, on voit qu'il suffirait de donner à ce réservoir une capacité de 25 à 30 m. cubes au plus, pour rendre possible la neutralisation préalable des liquides.

En résumé, Messieurs, votre Commission a été unanime à penser qu'il est nécessaire d'appeler l'attention des autorités compétentes sur le danger qu'offrirait pour la salubrité des différents quartiers de la ville, le déversement direct dans l'égout du boulevard Montebello, des eaux de vidanges de l'hôpital Sainte-Eugénie.

Elle est persuadée que la forme ordinaire des cabinets est préférable à tout système de cuvette, quelque perfectionné qu'il soit, lorsqu'il est possible d'établir un appel en contre-bas d'une constance et d'une intensité suffisante, ce qui eût été facile à l'hôpital Sainte-Eugénie, grâce au tirage continu et énergique de la haute cheminée que possède cet établissement. On eût ainsi évité l'infection des égouts et la perte d'un produit éminemment utile à l'agriculture et très-recherché des cultivateurs.

Votre Commission est donc d'avis qu'il y aurait lieu de revenir à cette disposition, en abandonnant le système des appareils dont le jeu peut être souvent entravé par l'ignorance ou l'incurie des malades.

Cependant, si pour une cause quelconque, l'abandon de ce système était jugé impossible, la Commission regarde comme une nécessité dont on ne pourrait s'affranchir sans danger, la désinfection préalable des liquides des fosses par un procédé chimique qui fixe d'une manière durable, en les précipitant autant que possible à l'état d'insolubilité, les produits de la fermentation, et mette à l'abri de toute infection ultérieure.

Les Membres de la Commission,

MEUREIN, PILAT, JOIRE, CHRESTIEN, DELEZENNE, POMMERET, et WINTREBERT, rapporteur.

L'état de choses signalé dans ce rapport étant resté de même jusqu'en mai 1876, M. Meurein, Inspecteur de la salubrité publique du département, crut devoir adresser à M. le Préfet la note suivante, dont la teneur et les conclusions furent approuvées par le Conseil central, réuni en séance ordinaire.

Messieurs,

Au moment où l'Administration des Hospices se prépare à ouvrir l'hôpital Sainte-Eugénie, je crois que le Conseil central de salubrité ne peut s'abstenir de protester de nouveau contre le mode d'évacuation des matières fécales, adopté par l'architecte, qui a obtenu le prix Montyon pour les heureuses dispositions d'une œuvre dont la partie qui nous occupe est, assurément, restée dans l'ombre. Comment pourrait-on tolérer, en effet, que les produits excrémentitiels d'une agglomération de population de 600 personnes environ, malades et personnel administratif, se déversent, dilués dans une quantité d'eau plus ou moins grande, dans un aqueduc à faible pente, comme celui du boulevard Montebello, et de là dans le canal des Stations, d'un faible débit, qui ferait couler ses eaux altérées et infectes, à travers de toute la ville, par les Hybernois, les Molfonds, les Boucheries, les Poissonceaux, l'Arc, la Monnaie et le Moulin Saint-Pierre, d'une part ; les Ponts-de-Comines, la Quennette, les Sœurs-Noires, l'abreuvoir Saint-Jacques, le Moulin Saint-Pierre, d'autre part ; et enfin, le Pont-de-Flandres, le Pont-à-Cocardes, l'écluse des Célestines, pour aboutir, en suivant ces trois directions, à la Basse-Deûle, que les exigences de la navigation ne permettront jamais de couvrir comme les autres canaux-aqueducs, et qui, restant à ciel ouvert, portera dans tous les quartiers environnants, les émanations putrides et miasmatiques qui s'en dégageront.

Le Maire de Lille a pris des arrêtés (1) imposant aux habitants l'obligation de construire, dans leurs maisons, des fosses d'aisance étanches, de forme et de dimensions déterminées; il a fait supprimer toutes les communications existant entre les latrines et les canaux, et lui-même, Président né de la Commission administrative des hospices, contreviendrait à ses arrêtés, si hautement approuvés, au point de vue de la salubrité publique! cela ne serait pas admissible, et une pareille contradiction ne pourrait se produire dans des situations absolument identiques.

La municipalité a été inspirée par les saines doctrines de l'hygiène, quand elle a proscrit la déjection des matières fécales dans les canaux; mais si cette pratique avait des inconvénients, des dangers même, quand elle était suivie par les propriétaires ou habitants de maisons disséminées, çà et là, combien ces dangers ne sont-ils pas accrus quand la source des déjections est un hôpital? Car l'expérience a démontré que ces matières sont un des plus puissants agents de propagation et de contagion des affections épidémiques. La santé et la vie de toute une énorme population seraient constamment compromises par une mesure dont les dangers se sont révélés, même à Paris et à Londres, malgré l'importance du débit des fleuves sur les rives desquels ces cités sont bâties. Et ces fleuves eux-mêmes, ne sont-ils pas l'objet des protestations des populations d'aval, et ne cherche-t-on pas, au moyen de travaux dispendieux de purification ou de colmatage, à donner satisfaction aux justes griefs des plaignants?

Nous ne nous occupons ici que du côté hygiénique de la question, le côté économique ne rentrant pas dans nos attributions spéciales; cependant, nous ne pouvons nous empêcher de faire ressortir combien la mesure que nous critiquons est préjudiciable aux intérêts de l'agriculture et, par suite, à ceux

---

(1) 11 avril 1811. — 8 juin 1819. — 2 juin 1855. — 15 mai 1873.

de la nation tout entière, car la solidarité est intime. Laisser les matières fécales sans emploi, c'est tarir la source de la production du blé et des denrées alimentaires ; c'est nous placer au dessous de la Chine ; c'est doublement attenter à la vie, en la privant de ses éléments de réparation, et en troublant l'harmonie des fonctions qui l'entretiennent.

Déjà, dans un rapport remarquable d'un de nos collègues, adressé à M. le Préfet, en 1870 (1), le Conseil central a jeté le cri d'alarme au sujet de la malencontreuse mesure que nous signalons à l'attention publique. Depuis, rien n'a été changé ; les dispositions matérielles restent les mêmes et les projets primitifs, exécutés dans tout l'établissement et pour tous les services, ne reçoivent pas la moindre modification ; on se propose de passer outre, comme si l'intérêt en jeu était tout-à-fait secondaire. Que l'épidémie décime la ville, plutôt que de changer en quoi que ce soit le système adopté !

M. le Préfet Le Guay n'avait cependant pas considéré cette question comme d'une minime importance, et avec le sens droit qui caractérisait ses actes administratifs, il avait déclaré que jamais il ne tolèrerait une semblable situation, qui est un danger public, et des plus graves.

Aussi, Messieurs, ce serait, de notre part, assumer une bien lourde responsabilité, que de garder le silence dans la circonstance présente, et je ne saurais trop vous conjurer d'user de vos justes prérogatives, en adoptant le projet de déclaration suivant, qui serait adressé à M. le Prefet :

« Le Conseil central de Salubrité du département du Nord, informé que l'Administration des hospices de Lille se dispose à ouvrir les services médicaux et chirurgicaux de l'hôpital Sainte-Eugénie, invite instamment M. le Préfet à s'opposer à la réalisation des projets de ladite Administration, avant que les dispositions prises dans tout l'établissement pour l'évacuation

(1) Voir le rapport précédent.

de toutes les matières excrémentitielles dans les aqueducs et canaux de la ville, n'aient été remplacées par d'autres, permettant de les recueillir dans des citernes qui n'en laissent écouler aucune quantité au dehors, et qu'ainsi cet hôpital soit replacé dans le droit commun, en se conformant aux arrêtés municipaux pris pour sauvegarder la salubrité publique. »

V. MEUREIN.

Ce document, transmis à l'Administration des Hospices, pour en prendre connaissance, donna lieu à la lettre suivante, adressée à M. le Maire de Lille :

Lille, le 29 mai 1876.

Monsieur le Maire,

Nous avons l'honneur de vous accuser réception de votre lettre du 22 courant, renfermant la copie d'un rapport du Conseil central d'Hygiène et de Salubrité du département du Nord, du 8 mai, même mois, et d'une lettre de M. le Préfet, du 22 mai, à vous adressées.

La lecture de ces documents nous a causé autant de douloureuses surprises que de regrets. En effet, sur le simple exposé de faits altérés et inexacts, ajoutant foi à l'allégation d'intentions qui ne sont pas les nôtres, vous nous retirez l'autorisation que vous nous avez accordée le 12 octobre 1869, de mettre en pratique, pour les vidanges de l'hôpital Sainte-Eugénie, le *système diviseur*, en déversant dans les égouts de la ville, les parties liquides en provenant.

Que s'est-il donc passé depuis cette époque ? L'Administration a-t-elle, par des procédés abusifs, donné naissance à des plaintes ? Des inconvénients graves se sont-ils révélés dans l'application du système diviseur ? Non, puisque l'hôpital n'est pas ouvert.

Il y a eu, le 8 mai courant, un rapport spontané du Conseil

central d'Hygiène et de Salubrité, qui, livré avec précipitation à la publicité, a ému la population, a soulevé contre l'Administration des Hospices, M. Cleenewerck de Crayencourt, remplaçant M. le Préfet du Nord, et, enfin, a surpris, à votre religion, le retrait d'une autorisation délivrée, en parfaite connaissace de cause, par l'honorable M. Tilloy, votre prédécesseur. Sans nous entendre, vous vous êtes hâté de nous condamner, vous qui connaissiez, non seulement nos intentions, mais encore les études approfondies qui ont précédé le choix de ce système. Permettez-nous, Monsieur le Maire, de le déplorer amèrement.

Et, en effet, nous venons de déclarer que nos intentions avaient été dénaturées par le Conseil central d'Hygiène. Nous le prouvons : « Comment, dit-il, pourrait-on tolérer que les » produits excrémentitiels d'une agglomération de 600 per- » sonnes environ (malades et personnel administratif), se » déversent, dilués dans une quantité d'eau plus ou moins » grande, dans les aqueducs à faible pente.... »

Et plus loin, il conclut ainsi : « Le Conseil invite le Préfet à » s'opposer à l'*ouverture de l'hôpital*, avant que les dispositions » prises dans tout l'établissement pour l'évacution des matières » excrémentitielles dans les aqueducs et canaux de la ville, » aient été remplacées par d'autres, permettant de les recueillir » dans des citernes. »

En lisant ces passages et d'autres encore, comme, par exemple, celui-ci : « Laisser les matières fécales sans emploi, » c'est tarir la source de la production du blé et des denrées » alimentaires, c'est nous placer au-dessous de la Chine. » Tout le monde a cru et devait croire que, dans l'hôpital Sainte-Eugénie, la totalité des vidanges, solides et liquides, seraient déversées dans les égouts.

Il y a plus, c'est que M. le Préfet par intérim a eu la même conviction, puisqu'il vous a écrit : « Je m'étonne que, lors de » la construction de l'édifice, on ait pu songer, pour éviter

» l'établissement de fosses d'aisance, à l'emploi d'un procédé
» de nature à infecter toute la ville, et réprouvé partout comme
» contraire aux plus simples éléments de l'hygiène publique. »

Et aussitôt, M. le Préfet a déféré à l'invitation du Conseil central de Salubrité.

Or, vous savez parfaitement, Monsieur le Maire, que là n'est point le danger ; vous savez que le système qui doit être appliqué à l'hôpital Sainte-Eugénie consiste dans l'emploi de tinettes-filtres, recevant les vidanges, préalablement mélangées à une quantité d'eau considérable ; que les matières solides sont maintenues dans l'intérieur du récipient par une plaque métallique perpendiculaire, percée de petits trous, par lesquels les eaux seules peuvent s'écouler dans l'égout (1); qu'en évaluant à sept hectolitres pour six cents personnes (et l'on exagère d'un cinquième la population), la quantité des liquides naturels, lesdits produits ne circuleraient que noyés dans **900 à 1000** hectolitres d'eau, chiffre présumé de la consommation de l'hôpital.

Les urinoirs, placés dans l'établissement, sont également pourvus d'une émission d'eau très-abondante.

C'est dans ces conditions que les liquides parviennent à l'égout.

Ils sont clairs, inodores et limpides ; mélangés à la masse des eaux qui circulent à travers la ville, ils ne présentent aucun danger pour la salubrité publique. Le Conseil central d'hygiène, au lieu de représenter les Administrateurs des hospices comme des hommes peu soucieux de la vie de leurs semblables ; au lieu de traduire son indignation par ces mots : « que l'épidémie
» décime la ville au lieu de changer en quoi que ce soit le
» système adopté ! » eût mieux fait de se souvenir de son rapport du 1er août 1870. (2)

---

(1) Dans la visite faite à l'hôpital Sainte-Eugénie, le Conseil de Salubrité a constaté que le diviseur ne divise rien et que le tout va à l'égout.

(2) A cette époque l'appareil ne fonctionnait pas et le Conseil s'en est rapporté au dire de l'architecte. *(Note du Secrétaire-Général.)*

dans tous les grands établissements, tels que l'hôpital Lariboisière, l'Hôtel-Dieu, etc. etc., — mais encore dans un très-grand nombre de maisons particulières. Bien plus, par arrêté de M. Say, Préfet de la Seine, en date du 13 mai 1872, « les » réservoirs fixes ou fosses sont interdits, et ceux *qui existent* » *sont supprimés* dans toute maison pourvue d'un embranche-» ment d'égout susceptible de recevoir les liquides des appa-» reils, et dans toute autre maison lors de la première vidange » qui suivra l'établissement d'un embranchement pouvant re-» cevoir le liquide. »

A Paris, pour ce qui concerne cette vidange, il est parfaitement reconnu et constaté qu'elle ne peut être une cause d'insalubrité, et les Ingénieurs du service des eaux d'égouts, reconnaissent unanimement que l'écoulement des liquides frais à l'égout, ne présente aucun inconvénient. Les ouvriers employés dans les égouts constatent que ceux dans lesquels s'opère la vidange des liquides avec abondance d'eau n'exhalent aucune mauvaise odeur (1). (Rapport de M. Belgrand, Inspecteur général des ponts et chaussées, Directeur des eaux et égouts, du 20 septembre 1871).

Le rapport du Conseil de salubrité énonce que, si des déversements de liquides sont faits dans la Seine, des réclamations énergiques ont été formulées; sans doute, à Saint-Denis, au point où s'écoulent dans la Seine les liquides travaillés dans la voirie de Bondy, mais là seulement, et non pas en amont

---

(1) L'expérience, au contraire, en a démontré les inconvénients. L'infection de la Seine par les eaux d'égouts a été constatée officiellement par des Commissions administratives, par le Conseil d'Hygiène et de Salubrité, par le Conseil général des ponts-et-chaussées. Ces Commissions et ces Conseils ont déclaré que le meilleur moyen de parer à cet inconvénient était de conduire ces eaux dans de vastes plaines, pour les épurer par leur filtration à travers le sol, et d'en empêcher le déversement dans la Seine. Depuis lors, la suppression des fosses d'aisance fixes dans les maisons particulières, pour y substituer la vidange à l'égout, est suspendue jusqu'à nouvel ordre.

de Saint-Denis (1), des plaintes ont surgi, et c'est précisément en vue de supprimer cette voirie de Bondy et la vidange au tonneau que l'Administration municipale de la Seine prescrit l'établissement de branchement à l'égout dans chaque maison avec l'écoulement des liquides. Et si l'on objectait que la Deûle n'est pas la Seine ; qu'elle n'a qu'un volume d'eau et une pente restreinte, nous répondrions que la Seine reçoit les parties liquides des déjections de deux millions d'habitants, tandis qu'il ne s'agit ici que de 400 ou de 500 individus, et qu'une proportion de liquides aussi minime que celle évacuée par l'hôpital Ste-Eugénie, ne saurait même laisser de trace dans la Deûle.

Ainsi que nous l'avons nettement démontré, et malgré l'affirmation contraire du Conseil central de salubrité, si, M. le Maire, vous mainteniez l'autorisation qui nous a été délivrée en 1869, il n'y aurait aucun solide déversé dans les égouts de la ville, mais seulement des liquides ne sortant de l'hôpital que mélangés avec les eaux d'Emmerin, dans la proportion d'un litre pour cent litres environ.

Telle est la véritable situation, et il y a lieu de s'étonner de l'empressement avec lequel le rapport du Conseil de Salubrité a été accueilli, et de la suite que vous lui avez immédiatement donnée, sans rechercher, au préalable, si les faits par lui exposés étaient bien l'expression de la vérité, si les inconvénients présentés n'étaient point exagérés et si enfin, en admettant même quelques inconvénients, il n'existait aucun remède

---

(1) D'après Durand-Claye le collecteur de Clichy situé en amont de celui de Saint-Denis amène une eau noirâtre qui, déversée dans la Seine, occupe la moitié de la largeur du fleuve et y forme des bancs d'atterrissement. Ils sont le siége d'une fermentation active qui se traduit par des bulles de gaz infect venant crever à la surface. Depuis 1870 cet état n'a fait que s'aggraver. Au collecteur de Saint-Ouen, la situation s'aggrave encore jusqu'à Saint-Denis où elle est portée à son comble. A Asnières, à Clichy et Saint-Ouen, des réclamations vives ont été, dans ces dernières années, formulées contre cet état de choses. *(Note du Secrétaire du Conseil de Salubrité.)*

pour les faire disparaître. C'est à votre sagesse et à votre prudence, Monsieur le Maire, que nous soumettons ces observations ; c'est du Maire de Lille mal renseigné à Monsieur le Maire de Lille, mieux éclairé, que nous en appelons, et nous avons le légitime espoir que nos réclamations seront entendues.

Il faut que tout le monde soit bien convaincu, à Lille, aussi bien l'autorité administrative que nos Magistrats municipaux, que la Commission des Hospices de Lille a fait tout ce qui était humainement possible pour porter l'hôpital Sainte-Eugénie au plus haut degré de perfection dont il était susceptible, et cela dans l'intérêt de ceux qu'elle est appelée à secourir, et qu'elle ne reculera devant aucun sacrifice pour donner à la cité tout entière des garanties complètes, au point de vue de l'hygiène et de la salubrité. Mais, en même temps, c'est pour elle un devoir de ne point défaire le lendemain ce qu'elle a fait la veille, et de demeurer l'économe dispensatrice du bien des pauvres (1).

Ce document a été suivi d'une lettre adressée à M. le Préfet par l'Administrateur surveillant de l'hôpital Sainte-Eugénie, et d'une note complémentaire. Nous les reproduisons toutes deux.

Séance du **17** *juin* **1876**

M. l'Administrateur-surveillant de l'hôpital Sainte-Eugénie donne lecture de la note ci-après, qu'il propose de remettre à

---

(1) Personne à Lille ne doute que l'Administration des Hospices, qui a dépensé des centaines de mille francs pour la construction d'une façade monumentale, qui ne contribue en rien au bien-être des malades et à la salubrité de l'hôpital, ne consente à donner à la cité des garanties, au point de vue de l'hygiène, quand il ne s'agit que d'une dépense de 37,000 fr. pour la construction de fosses fixes.

M. le Préfet du Nord, pour le renseigner sur la question des vidanges de l'établissement :

Hôpital Sainte-Eugénie.

Questions des vidanges.

Le 22 mai 1876, M. le Maire de Lille a retiré à l'Administration des hospices, l'autorisation qui lui avait été donnée le 6 octobre 1869, de déverser dans les égouts de la Ville, les parties liquides provenant de déjections de l'hôpital Sainte-Eugénie. Dans sa lettre il se considère comme *contraint à cette mesure* et par le rapport du Conseil central d'hygiène et surtout par la lettre préfectorale du 18 mai 1876.

Ces deux documents ont-ils réellement la valeur que M. le Maire leur attribue ? — Nous ne le pensons pas.

En effet, aux termes de l'article 9 du décret du 18 décembre 1848, les Conseils d'hygiène sont chargés de l'examen des questions relatives à l'hygiène publique de l'arrondissement *qui leur sont renvoyés par le Préfet ou le Sous-Préfet.* Ce qui signifie que les Conseils d'hygiène ne doivent émettre un avis, que lorsqu'ils en sont requis par le Préfet ; qu'ils n'ont point, dans l'ordre administratif un droit d'intervention directe, mais sont seulement revêtus d'un caractère consultatif et que partant, ils oublient étrangement leur rôle, lorsque, sans mandat ni réquisition, ils se permettent *d'inviter*, comme dans l'espèce, le Préfet à faire ou à ne pas faire une chose.

Dans le cas particulier, le Conseil au lieu de se réunir à la demande de M. le Préfet du Nord, a été convoqué par M. Meurein, qui, par son initiative privée, a provoqué une délibération du Conseil d'hygiène et l'a transmise en même temps aux journaux et au Préfet. (Lire son rapport).

Il y a évidemment là une irrégularité grave qui doit enlever à cette délibération toute autorité.

D'autre part, M. le Préfet par intérim, ainsi invité à interdire l'ouverture de l'hôpital Sainte-Eugénie, a-t-il eu le temps de mûrir la mesure qu'il a sollicitée de M. le Maire? A-t-il renvoyé à la Commission des hospices ce rapport hostile avant de prendre une décision? — Non, rien de semblable n'a été fait et nous ne croyons pas aller trop loin en supposant que sa bonne foi a été surprise. M. le Préfet sait mieux que nous ce qui s'est passé à cet égard. Or, dans de pareilles conditions, si M. le Préfet du Nord par intérim n'a pas, en connaissance de cause, transmis le rapport du Conseil d'hygiène à M. le Maire de Lille, afin d'en faire l'usage que ce dernier en a fait; si, mieux éclairé, M. le Préfet eût réservé son intervention, ne lui appartient-il pas, dans sa sagesse, de suspendre et de paralyser les effets d'une décision aussi désastreuse pour les hospices de Lille et dont l'initiative remonte jusqu'à lui.

Et ce langage n'a rien d'exagéré. En 1869, quand les choses étaient entières, alors que l'architecte pouvait encore adopter tel ou tel plan, le modifier suivant les prescriptions qui lui seraient imposées, M. le Maire de Lille, en condamnant le système diviseur, obligeait l'Administration des hospices à chercher une autre combinaison. C'est, en effet, ce qu'elle fit le lendemain du 15 février 1869. Mais, lorsqu'après de longues études, de patientes investigations, des voyages multipliés, elle revint devant M. le Maire et lui dit : « Nous pouvons, à notre choix,
» installer le système diviseur ou le système Richer (enlève-
» ment direct des tonneaux), ou celui des fosses fixes. Mais le
» premier a l'approbation des médecins et des hommes de
» science; il a pour lui la sanction de l'expérience; il nous a
» été recommandé par tous, — voulez-vous nous autoriser à
» le monter? — il nous coûtera 130,000 fr. à installer, alors
» que le second ou le troisième ne nous aurait coûté que la
» moitié; mais, dans l'intérêt de la salubrité de l'hôpital, dans
» celui des malades, nous ne pouvons hésiter. » M. le Maire, satisfait et désormais rassuré, écrivit la lettre du 12 octobre 1869.

C'est alors que l'Administration des hospices passa des marchés à Paris pour les *appareils Jennings* et l'installation des eaux dans tout l'hôpital, et dépensa pour cet important travail la somme énorme de **130,000 fr.**

Aujourd'hui, M. le Maire, oubliant qu'il a écrit ces mots : « Je réserve à l'Administration municipale la faculté de faire » cesser la tolérance dont il s'agit, si l'expérience venait à ré- » véler des *inconvénients que rendent improbables aujourd'hui* » *les assurances données dans votre requête,* » trouve que la question est jugée et interdit le déversement des liquides. Pourquoi donc refuser cette expérience puisque, *selon toute probabilité elle ne devait révéler aucun inconvénient ?* Et c'est au moment où tout est prêt pour l'ouverture prochaine, non-seulement du plus bel hôpital du département du Nord, mais d'un des plus remarquables de France, ouverture sollicitée à diverses reprises par M. le Maire lui-même, que cette épreuve décisive est entravée.

Que nous restait-il à faire ?

Pour nous éclairer, nous nous sommes adressés à l'éminent architecte qui a dirigé tous nos travaux et a vu ses habiles dispositions couronnées par l'Institut de France. Il a étudié la question à un double point de vue : ou conserver dans des fosses toutes les déjections de l'hôpital et les faire enlever par des vidangeurs, ou appliquer le mode proposé par le Conseil d'hygiène le 1er août 1870, c'est-à-dire faire circuler les liquides dans deux bassins, les filtrer, les désinfecter, puis les diriger à l'égout.

Dans le premier système, ainsi que vous pouvez, Monsieur le Préfet, vous en assurer par le mémoire ci-joint, la dépense est de **37,500 fr.** et l'enlèvement des vidanges coûtera environ **8,000 fr.** par an à l'Administration, à raison de 2 fr. 50 le mètre cube.

On ne peut, en effet, espérer ici de traiter avec les cultivateurs, l'abondance des eaux ôtant toute valeur comme engrais aux matières enlevées.

Dans le second système, l'établissement de doubles bassins coûtera 71,600 fr., mais il faudra toujours que M. le Maire retire son arrêté, puisque les liquides, après une double filtration, qui durera quinze jours, devront nécessairement s'écouler à l'égout.

Au lieu d'entraîner l'Administration des hospices dans de pareilles dépenses, alors que tous ses efforts tendent précisément à les réduire et à réaliser des économies, n'est-ce point le cas de l'autoriser à ouvrir l'hôpital Sainte-Eugénie dans les conditions actuelles, sauf à prescrire certains travaux si la nécessité en était révélée ? Et ce qui devrait faire accueillir avec faveur cette proposition, c'est qu'au lieu de recevoir dans l'hôpital Sainte-Eugénie, comme le pensait M. le Maire, 600 personnes, la Commission n'admettra que 200 malades seulement, plus les sœurs et gens de service. Dans de pareilles conditions, un essai ne peut évidemment produire, dans les cours d'eau de la ville de Lille, de phénomènes appréciables, alors surtout qu'un mélange préalable de plus de cent parties d'eau contre une de liquide naturel aura été préalablement assuré.

C'est sous le mérite de ces observations que la Commission administrative des hospices dépose avec confiance entre vos mains la solution de cette grave question.

A l'appui de la présente note, l'Administration a déposé :

1° L'arrêté de M. le Maire de Lille du 15 février 1869 ;
2° Copie de la lettre de M. Belgrand, Inspecteur général des eaux et égouts de la ville de Paris, du 26 août 1869 ;
3° La lettre de l'Administration des hospices à M. le Maire de Lille, du 6 octobre 1869 ;
4° L'arrêté de M. le Maire de Lille du 12 octobre 1869 ;
5° Celui du 22 mai 1876 ;
6° Le rapport de M. Mourcou, en date du 18 juin 1876, avec

plans et devis à l'appui, ainsi qu'une lettre de M. Rafin, vidangeur à Lille.

La Commission déclare adopter les termes de la note dont il vient d'être donné lecture, et décide qu'elle sera remise à M. le Préfet à titre de renseignement sur la question en litige, et qu'une copie en sera adressée à M. le Maire de Lille.

Séance du **8** *juillet* **1876**.

M. l'Administrateur-Surveillant de l'hôpital Sainte-Eugénie donne lecture de la note complémentaire ci-après, qu'il propose d'envoyer à M. le Préfet et à M. le Maire de Lille, afin de les éclairer sur la question des vidanges de l'établissement.

Questions des vidanges.

Déjà et par des considérations de l'ordre le plus élevé, notamment celle tirée de la loyauté des conventions, l'Administration des hospices a combattu le nouvel arrêté du Maire de Lille, au sujet de l'écoulement des eaux de vidanges, dans les égouts de la ville. En se plaçant au point de vue des faits, elle a également discuté ce qu'avait de peu logique une semblable décision, alors que, de toutes parts, les déjections liquides des habitants de la ville de Lille s'écoulaient dans les égouts et cela, non-seulement avec l'approbation de l'Administration municipale, mais encore par son initiative et aux frais de la Ville. Or, nous ne sachions pas qu'elle ait consulté le Conseil d'hygiène pour établir les appareils urinoirs dits municipaux, ni qu'il se soit spontanément saisi de la question, sans doute qu'il ne voyait rien à reprendre dans une pareille mesure.

D'un autre côté, la Commission hospitalière a démontré que les liquides de Sainte-Eugénie seraient déversés dans cent fois leur volume d'eau, avant de sortir de l'hôpital. Cette objection mérite assurément d'être prise en considération, elle restera comme un des documents importants du débat.

Mais ce n'est pas tout. Le grand argument du Conseil de salubrité, c'est le volume peu considérable des cours d'eau de la Ville. Au lieu d'émouvoir par des considérations purement hygiéniques, le Conseil eût assurément très bien fait de faire connaître le volume et la pente des eaux dans un temps donné, 24 heures par exemple. Il eut été facile alors de se rendre compte des effets produits par les dilutions infinitésimales de l'hôpital.

Ce que n'a pas fait le Conseil de salubrité, la Commission des hospices le fait ; et, certes, si les résultats apportés ne sont pas décisifs en faveur de son système, il faudra en conclure que les adversaires ne veulent pas être convaincus.

L'égout du boulevard Montebello va se jeter dans le canal des Stations au point où ce dernier traverse le boulevard et y mélange ses eaux ; or, le canal des Stations, creusé en 1566 pour remédier au défaut de pente des canaux de la ville en y faisant arriver les eaux de la Haute-Deûle, conduit ces eaux au centre de la rue Nationale, où, d'une part, elles rejoignent par le canal des Poissonceaux le courant rapide du canal de l'Arc, et, de l'autre, vont par le Sud se précipiter dans la Basse-Deûle.

Or, quel est le débit du canal des Stations ? Là est toute la question.

En une seconde il débite 300 litres d'eau ;
En une minute $300 \times 60 = 18,000$ litres d'eau ;
En une heure $18,000 \times 60 = 1,080,000$ litres d'eau ;
En vingt-quatre heures $1,080,000 \times 24 = 25,920,000$ litres d'eau.

Ou, transformant ces mesures en hectolitres :
Une seconde $= 3$ hectolitres ;
Une minute $= 180$ hectolitres ;

Une heure = **10,800** hectolitres ;

Un jour (24 heures) = **259,200** hectolitres.

Ceci posé, quelle sera la quantité de liquide provenant des déjections de l'hôpital déversée dans cette masse d'eau.

Si l'hôpital est complet il comporte **515** lits, y compris le personnel. Le Conseil évalue à **1** litre et demi la déjection liquide d'une personne par jour, soit **7** hect. **72** litres.

Mais ces **7** hect. **72** litres sont déjà, cela est reconnu, dilués dans **800** hectolitres, soit cent fois leur volume d'eau.

Il en résulte que ces **8** hectolitres, en arrivant dans le canal des Stations mélangés à **800** hectolitres d'eau, ne représentant que **1/100** de leur composition primitive, sont noyés dans **259,200** hectolitres d'eau, toutes les **24** heures.

On se préoccupe de l'état du canal de la Basse-Deûle, mais à sa sortie de la ville, il donne un débit de **3,000** litres par seconde, soit **10** fois plus que le canal des Stations.

Donc ces **8** hectolitres constituant les déjections de Sainte-Eugénie déjà dilués dans cent fois leur volume d'eau, seront à leur sortie de la ville, chaque fois **24** heures, noyés dans **2,592,000** hectolitres d'eau.

Quant aux eaux de la Haute-Deûle, leur débit est au Petit-Paradis de **1500** litres par seconde, et ces eaux se confondent à leur sortie de la ville avec celle de la Basse-Deûle.

Que deviennent, en présence de pareils chiffres, les terreurs du Conseil d'hygiène? Et quel motif pourrait s'opposer à ce que l'arrêté de M. le Maire fût rapporté?

Il ne faut pas se dissimuler que sur bien des questions on paraît trop se complaire dans les habitudes du pays, et certes, il n'est pas un étranger qui, à son arrivée à Lille, ne soit frappé de voir à quel point nous sommes arriérés en matières de vidange!

Sommes-nous plus soucieux d'étudier ce qui se passe hors de chez nous? Nous avons établi que ce qu'on représente comme une monstruosité à Lille est considéré à Paris comme le dernier mot de l'hygiène publique.

A nos portes, à Bruxelles, où il n'y a pas de fleuve comme la Seine et le Rhône, la ville n'est traversée que par une petite rivière appelée la Senne. Or, à Bruxelles, on achève un vaste hôpital de 700 lits, l'hôpital Saint-Pierre; plus de 500 malades y sont déjà recueillis et soignés, eh bien, les vidanges, solides et liquides, mélangées d'eau, sont déversées dans les égouts et de là dans ladite rivière, sans que depuis longues années aucune plainte ait surgi.

Nous ne demandons pas de pareils priviléges, mais nous affirmons qu'aucun danger n'existe et qu'avant d'obliger l'Administration des hospices à faire des dépenses considérables, il y a lieu de permettre *l'essai du système diviseur*. Il ne faut pas que les arrêtés des Maires de Lille perdent aux yeux des populations le caractère de dignité et de respect que celles-ci leur ont toujours attribué.

En 1869, l'honorable M. Crespel-Tilloy en avait autorisé l'application, il ne l'approuvait pas définitivement, mais en attendait les résultats; si aucun inconvénient ne se révélait, le système serait maintenu. C'est le retour à cet état de choses que nous sollicitons, en expérimentant sur la moitié de l'hôpital.

La Commission déclare adopter les termes de la note dont il s'agit et décide qu'elle sera adressée à M. le Préfet et à M. le Maire de Lille à titre de renseignement complémentaire sur la question en litige.

Ces trois documents contenaient des assertions erronées qu'il était du devoir du Conseil de rectifier. Aussi saisit-il l'occasion qui lui était offerte le 12 juin 1876, pour demander à M. le Préfet, qui présidait la séance, la communication de ces pièces. Ce Magistrat promit d'en réclamer une copie à M. le maire de Lille, président de l'Administration des Hospices, et de la faire parvenir au Conseil dans le plus bref délai possible, pour avoir son avis. Malgré cette promesse formelle, et par suite de circonstances que nous ignorons, ces pièces ne furent remises au Président du Conseil que le 30 septembre. Cela explique la réponse tardive de la Commission choisie à cet effet dans le sein du Conseil. Elle présenta, par l'organe de son rapporteur, M. Hallez, le travail suivant qui, après adoption par le Conseil, fut adressé à M. le Préfet du Nord pour être communiqué à M. le Maire.

Voici ce rapport :

MESSIEURS,

Dans la séance du 30 septembre 1876, vous avez chargé une Commission composée de MM. Meurein, Pilat, Joire, Masquelez et Hallez, de prendre connaissance des documents adressés à M. le Maire de Lille et à M. le Préfet du Nord par l'Administration des hospices, en réponse à votre réclamation, en date du 14 mai 1876, concernant le déversement dans les égouts de la ville, des parties liquides provenant des déjections de l'hôpital Sainte-Eugénie.

J'ai l'honneur, au nom de cette Commission, de vous exposer les résultats de cet examen, ainsi que de notre visite à l'hôpital Sainte-Eugénie, soumettant à votre appréciation les observations que ces recherches nous ont suggérées et les conclusions pratiques qu'il nous semble utile de proposer pour combattre le danger signalé. Il importe d'abord de faire en quelques mots l'historique de la question et de répondre à un double reproche d'intervention tardive et d'ingérence illégale qui nous est actuellement adressée par l'Administration des Hospices.

D'abord le reproche d'intervention tardive.

Nous avouons, en effet, que le Conseil d'hygiène s'est occupé de l'hôpital Sainte-Eugénie pour la première fois en 1870. Il y avait cinq ans que l'on travaillait aux constructions et aux aménagements de cet hôpital, et ces constructions avaient déjà atteint un degré de développement suffisant pour que l'on pût, pendant la guerre, y établir, sans grand effort, une ambulance grandement peuplée de malades et de blessés. C'est à cette date que vint pour la première fois devant le Conseil la question des vidanges, mais elle y vint par un acte d'initiative du Conseil, comme elle y est revenue le 14 mai dernier. Dans le rapport de M. Wintrebert, transmis à cette époque à M. le Préfet du Nord, rapport dont l'administration des hospices a légèrement modifié les conclusions dans sa note à M. le Maire de Lille, en date du 29 mai dernier.

Il est dit « qu'il importe d'appeler l'attention des autorités compétentes sur le danger qu'offrirait pour la salubrité des différents quartiers de la ville, le déversement direct dans l'égout du boulevard Montebello des eaux de vidange de l'hôpital Sainte-Eugénie; que la forme ordinaire des cabinets est préférable à tout système de cuvettes, quelque perfectionné qu'il soit...; qu'il y aurait lieu de revenir à cette disposition en abandonnant le système des appareils dont le jeu peut être entravé par l'ignorance ou l'incurie des malades; cependant, est-il ajouté, si pour une cause quelconque l'abandon de ce système était jugé impossible, la Commission regarde comme une nécessité dont on ne pourrait s'affranchir sans danger, la désinfection préalable des liquides des fosses par un procédé chimique qui fixe, d'une manière durable, en les précipitant à l'état d'insolubilité, les produits de la fermentation, et mette à l'abri de toute infection ultérieure...

Tel fut le premier acte d'intervention du Conseil de salubrité, et nous avons le regret de constater que cet acte fut dû à notre initiative. Jamais, en effet, depuis le début des travaux de construction, le Conseil ne fut consulté, et cependant il eût dû l'être sur les différentes questions relatives à l'hygiène publique que soulevait l'établissement de ce vaste édifice ouvert aux malades indigents, ainsi qu'il appert des textes mêmes du décret du 18 décembre 1848, lequel dit formellement :

Que les Conseils d'hygiène seront consultés :

Titre II, article 9, § 2, sur les mesures à prendre pour prévenir et combattre les maladies endémiques, épidémiques et *transmissibles ;*

§ 7, sur la salubrité des ateliers, écoles, *hôpitaux*, maisons d'aliénés, etc.

Si donc nous avons parlé tardivement, la faute n'est pas à nous ; premier point démontré.

Reste la question de la légalité de notre intervention que conteste formellement l'administration des hospices. Ce reproche d'illégalité s'applique spécialement au rapport de M. Meurein, transmis à M. le Préfet du Nord le 16 mai dernier. Il importe d'abord de faire observer que ce rapport, rédigé sur l'invitation formelle du Conseil et à la suite de communications verbales en séance, a été accepté dans ses conclusions à l'unanimité des membres présents à la séance du 14 mai 1876. Il est donc l'exposé pur et simple de la pensée du Conseil.

L'Administration des Hospices, dans sa note à M. le Préfet, s'exprime ainsi :

« Aux termes de l'article 9 du décret du 18 décembre 1848, les Conseils d'hygiène sont chargés de l'examen des questions relatives à l'hygiène publique de l'arrondissement qui leur sont renvoyées par le Préfet ou le Sous-préfet, ce qui signifie que les Conseils d'hygiène ne doivent émettre un avis que lorsqu'ils en sont requis par le Préfet ; qu'ils n'ont point dans l'ordre Administratif un droit d'intervention directe, mais sont seulement revêtus d'un caractère consultatif, et que pourtant ils oublient étrangement leur rôle lorsque, sans mandat ni réquisition, ils se permettent d'inviter, comme dans l'espèce, le Préfet à faire ou à ne pas faire une chose... »

Il ne nous convient pas de relever ce que ces termes ont d'excessif dans leur vivacité ; ils sont l'expression d'une conviction malheureusement sans fondement. L'Administration s'en serait vite assurée en étudiant plus sérieusement la matière.

Elle eût pu lire, en effet, ce qui suit dans les instructions explicatives jointes au décret de décembre 1848 par le comité consultatif d'hygiène publique : « Tout en restant dans les limites de leurs attributions, placés près de l'Administration pour répondre à son appel et l'éclairer de ses avis, ils (les Conseils) ne sauraient se dispenser de recueillir spontanément tous les renseignements qui peuvent intéresser l'hygiène des localités de leur circonscription, *et de signaler à l'autorité toutes les mesures d'assainissement, toutes les améliorations qui peuvent paraître utiles*. Il n'est pas douteux que l'Administration ne s'empresse de les réaliser toutes les fois qu'il sera possible de le faire. »

Et plus tard, dans une circulaire du Ministre de l'agriculture et du commerce, M. de la Bouillerie, à la date récente du 2 juillet 1873, il est dit « sur toutes les questions d'hygiène, *le droit d'initiative des Conseils est complet*. L'Administration sera toujours empressée à profiter des renseignements et des études que ces Conseils lui soumettraient. » On ne saurait demander des textes plus formels.

Nous croyons donc avoir prouvé que l'opposition du Conseil d'hygiène à l'installation actuelle des vidanges de l'hôpital Sainte-Eugénie n'est pas nouvelle ; qu'elle s'est déjà nettement formulée il y a six ans ; que si elle ne s'est point affirmée plus tôt, c'est que le Conseil était jusque là en droit d'attendre une demande d'avis qui n'est point venue ; et qu'enfin en agissant dans la question en 1870 et à la date du 14 mai dernier par des actes émanant de son initiative, le Conseil a usé de l'exercice de son droit et pense avoir rempli son devoir.

Nous vous proposons de passer maintenant en revue chacune des trois notes de l'Administration des hospices en réponse à votre réclamation, et de vérifier successivement la valeur des arguments à l'appui de son opinion.

Dans la première, en date (29 mai 1876), il est dit que les alarmes du Conseil d'hygiène sont mal fondées ; qu'il ne s'agit pas de faire passer les matières excrémentitielles dans les égouts, mais seulement les parties liquides de ces matières, diluées dans au moins deux cents fois leur volume d'eau ; que « dans ces conditions, les liquides parviennent à l'égout clairs, inodores et limpides. » Nous verrons tout-à-l'heure, quand nous vous exposerons les résultats de notre visite aux tinettes de Sainte-Eugénie, ce qu'il faut penser de ces liquides clairs, inodores et limpides. Mais qui de vous ne peut dès maintenant préjuger que la quantité même de l'eau mélangée et sa force de projection assure la désagrégation des parties solides et leur permet de passer plus aisément à travers le gros crible des appareils? Et en supposant même que ces liquides soient inodores, qui vous assure qu'ils ne contiennent pas ces germes de contagion, microzoaires ou microphytes, dont il n'est question dans aucune des notes de l'Administration, et qui pourtant, bien mieux que les matières putrescibles constituent le vrai danger signalé? Nous ne faisons qu'indiquer ce point de vue de la question, nous y reviendrons plus loin.

Enfin, qu'il nous soit permis d'ajouter que les déjections dangereuses, celles qui contiennent ces principes de transmission, sont toujours des déjections diarrhéiques, sur lesquelles par conséquent la séparation pratiquée dans les conditions que nous indiquerons, sera nulle dans ses effets.

Vient ensuite l'argument des urinoirs publics qui déversent leurs liquides, au dire de l'Administration, dans les canaux de la ville sans qu'aucune réclamation ait jamais surgi. A cela nous ferons observer que les urinoirs, ainsi installés, sont l'exception, exception malheureuse sans doute ; que la plupart des urinoirs sont munis de fosses fixes, et qu'enfin on ne saurait établir de comparaison au point de vue de la salubrité publique, entre l'urine des promeneurs et les excréments des cholériques et des typhiques.

Enfin, l'Administration s'appuie sur l'exemple de Paris où le système diviseur fonctionne dans la plupart des hôpitaux, et où par conséquent la grande masse des déjections va à la Seine plus ou moins diluée dans l'eau des appareils. Elle rappelle à cet égard les laborieuses investigations de la Commission déléguée par elle à cet effet le **20 février 1869**, Commission qui rapporta cette conviction « que les lieux d'aisance avec cuvettes remplies d'eau constituaient les dispositions les meilleures *pour la salubrité des salles et des dépendances d'un hôpital ;* de même que les vidanges par le système diviseur avec enlèvement des solides renfermés dans des récipients hermétiquement clos et écoulement des eaux à l'égout, constituaient le meilleur mode de vidanges. » Nous sommes à cet égard complètement de l'avis de la Commission ; rien n'est mieux s'il s'agit de la salubrité privée de l'hôpital ou de la maison, et nous nous plaisons à ce propos à déclarer qu'en ce qui concerne l'installation intérieure, l'hôpital Sainte-Eugénie, fruit des recherches persévérantes d'une Administration désireuse de bien faire et des études savantes d'un éminent architecte, remplit admirablement toutes les conditions hygiéniques conseillées par la science moderne ; mais notre réclamation ne vise nullement la salubrité du dedans, mais bien la salubrité du dehors. A cet égard l'exemple de Paris n'entraîne pas notre conviction.

Qui ignore les protestations incessantes des localités en aval à qui revient le triste privilége de recueillir le déversement des égouts de Paris ; les maladies infectieuses qui sévissent et dont il faut chercher l'origine dans les écoulements de matériaux chargés des principes contagieux? Et si la chose est vraie pour Paris, on peut sans témérité conclure qu'elle sera plus vraie encore pour Lille, car, d'une part, nos canaux n'ont ni l'écoulement ni la pente de la Seine; ce sont pour la plupart de véritables égouts circulant lentement à ciel ouvert; et, d'autre part, les déjections suspectes y déboucheront en amont de la ville et non en aval, pour se répandre de là dans toute la cité.

La deuxième pièce officielle, émanant de l'Administration des hospices, est une note à M. le Préfet du Nord et porte la date du 28 juin.

C'est là que se trouve formulé le reproche d'illégalité attribué à notre délibération du 14 mai, nous y avons répondu; puis le reproche de légèreté adressé à M. le Préfet du Nord par interim qui, au dire de l'Administration, s'est trop hâté de donner une sanction aux réclamations du Conseil : ceci est pour nous hors de cause.

Cette note est, pour le reste, uniquement consacrée à démontrer l'excellence du système, surtout en ce qui concerne l'intérieur de l'hôpital. Elle établit que toute modification entraînerait l'Administration à des dépenses peu en rapport avec l'état actuel de ses finances, soit **37,500 fr.** de travaux et **8,000 fr.** de frais de vidange annuels, avec le système des fosses fixes; **71,600 fr.** pour l'établissement de doubles bassins avec filtres, décantage et moyens de désinfection.

Nous comprenons toutes les hésitations de l'Administration ; il s'agit là de la fortune des pauvres dont tout bon citoyen est soucieux. Mais la santé publique a aussi ses droits, et un embarras momentané ne saurait prévaloir contre une mesure d'intérêt général et d'intérêt d'avenir. Quant à demander, avec l'Administration, que la chose soit mise en expérience avant de la juger, nous ne saurions y consentir ; une épidémie, ravageant la ville, serait une expérience trop lamentable, et notre devoir est de nous opposer à cette *épreuve décisive*.

Sur le regret qu'exprime l'Administration, de voir M. le Maire de Lille rapporter aujourd'hui une décision de son prédécesseur, en date de 1869, et autorisant, à titre provisoire, l'essai du système diviseur, nous ne croyons pas devoir nous y arrêter. Un retour au droit commun est toujours chose louable, et, dans l'espèce, M. le Maire n'a fait que se conformer aux nombreux arrêtés antérieurs de notre Municipalité, interdisant absolument le déversement, dans nos égouts, de toute matière putrescible, et, en particulier, des matières fécales, diluées ou non.

La troisième note (11 juillet), reproduit à nouveau divers arguments déjà présentés, entre autres, l'existence des urinoirs à déversement dans les canaux. Mais elle s'étend spécialement sur le degré de dilution extrême des matières fécales, d'abord dans les eaux de l'hôpital, puis dans les canaux de la ville. Elle s'appuie sur les débits moyens du canal des Stations, de la Basse-Deûle et de la Moyenne-Deûle au Petit-Paradis; elle précise en chiffres ces débits et donne:

Pour le canal des Stations, un débit, pour une seconde, de 300 litres d'eau;

Pour la Basse-Deûle, 3,000 litres par seconde;

Pour la Moyenne-Deûle, au Petit-Paradis, 1,500 litres par seconde.

De telle sorte que les 8 hectolitres de matières excrémentitielles sortant en 24 heures de Sainte-Eugénie, complètement habité, se noieront, dans le même espace de temps, dans 259,200 hectolitres d'eau, rien que dans le canal des Stations, et, en fin de compte, sortiront de la ville, chaque fois 24 heures, diluées dans 2,592,000 hectolitres d'eau.

Nous ne voulons pas contester ces chiffres, qui, du reste, nous importent peu, car, y eût-il cinq ou dix fois plus d'eau dans nos canaux que le danger n'en persisterait pas moins. Car enfin, il faut ramener la question à ses vraies limites; nous voulons bien convenir, pour le moment, que nos canaux ne seront ni plus infects, ni plus chargés de matières putrescibles qu'auparavant, mais ils seront plus dangereux. Il ne faut pas, avec ces chiffres, vouloir faire dévier le débat; il ne s'agit pas d'odeur, de fermentations putrides, il s'agit, avant tout, de *germes*, de *contagium morbide*, et ces germes, et ce contagium échappent aux dilutions annoncées. Nous allons y venir.

Voyons, auparavant, si les choses se passent bien comme l'indique l'Administration des hospices, et si les déjections de Sainte-Eugénie vont tout droit se jeter dans ce courant rapide du canal des Stations. C'est là une erreur, qu'un simple coup-d'œil sur le plan de nos canaux nous démontrera.

Sorties de Sainte-Eugénie, elles tombent dans l'égout du boulevard Montebello; mais cet égout s'arrête à la rue d'Esquermes; de là il descend cette rue d'Esquermes, puis la rue Notre-Dame; ce n'est qu'au niveau de la rue d'Antin, qu'une branche collatérale va au canal des Stations; la grande masse continuera à suivre la rue Notre-Dame; une branche allant au canal s'en détachera encore rue Ratisbonne; le reste suivra l'égout jusqu'au boulevard de la Liberté. Là, si la vanne de la rue Puébla est ouverte, les déjections rejoindront l'égout collecteur de la rue Nationale, pour, de là, suivre le canal des Poissonceaux et rejoindre la Basse-Deûle par le canal de Roubaix; si la vanne est fermée, les déjections reflueront au sud, suivront l'égout du boulevard de la Liberté, pour rentrer dans l'ancienne ville par le canal des Hybernois, et de là suivre le riche réseau de canaux-égouts, en partie découverts, qui serpente dans notre ville, les Ponts-de-Comines, la Quennette, les Sœurs-Noires, l'abreuvoir Saint-Jacques et le moulin Saint-Pierre, d'une part; le Pont-de-Flandre, le Pont-à-Cocardes, l'écluse des Célestines, d'autre part, pour aboutir, en fin de compte, à la Basse-Deûle, par cette double direction.

Telle est la topographie vraie.

Et que deviennent, devant ce simple exposé, les torrents décrits par le rapporteur de l'Administration des hospices, torrents que la réalité convertit en rigoles chargées d'immondices et de résidus industriels en fermentation, déjà susceptibles de produire spontanément des miasmes dangereux pour la santé publique, et qui, demain, serviraient de vecteurs aux maladies transmissibles par les déjections alvines; quel Lillois apprendra sans étonnement que nos eaux sont entraînées par un courant rapide, alors que ce courant est insensible en plusieurs endroits, et se trouve souvent complètement arrêté par les opérations du moulin Saint-Pierre?

Donc, les déjections de Sainte-Eugénie, quoi qu'on dise, circuleront lentement et dans tous les quartiers de la ville, ici, dans des égouts, là, dans des canaux, couverts ou découverts, mais à pente très-faible. Ces déjections, fussent-elles prises dans des courants vraiment rapides et dans des masses d'eau doubles ou triples, n'en constitueraient pas moins un danger indéniable, ce que nous allons démontrer.

Il est un fait actuellement acquis à la science, c'est que la plupart des maladies infectieuses, se propagent par la dissémination, dans l'air ou dans les eaux, d'organismes inférieurs, microphytes ou microzoaires, se multipliant à la manière des ferments, et pénétrant dans l'économie, ici par l'appareil respiratoire, là par l'intestin, là par les surfaces très-absorbantes des plaies, etc.

Ce sont les recherches de M. Pasteur qui, les premières, ont démontré la présence de ces *germes* dans l'atmosphère et dans les eaux; et les cliniciens ne tardèrent pas à proclamer et à prouver l'existence d'une *panspermie* morbigène à côté de cette panspermie des fermentations. Faut-il rappeler les tentatives, souvent couronnées de succès, faites par les chirurgiens, pour préserver les moignons d'amputation, ou les plaies, de cette véritable pluie de germes septiques, dont nos blessés sont menacés, en raison même de l'encombrement des salles et de l'importance des traumatismes, c'est-à-dire, en raison de l'étendue du terrain favorable à l'évolution? Les uns cherchent à préserver du contact de l'air les surfaces ouvertes, par l'aspiration, qui crée le vide autour d'elles (Jules Guérin et Maisonneuve); les autres filtrent l'air, comme l'avait fait Pasteur le premier, en recouvrant les plaies d'un pansement ouaté (Alph. Guerin); les autres, enfin, s'attaquent directement aux germes infectueux, au moyen d'agents antiseptiques, en particulier de l'acide phénique et de ses dérivés (Lister d'Edimbourg), etc. Les procédés varient, mais tous les chirurgiens sont d'accord, et les résultats pratiques incontestables démontrent *a posteriori* l'exactitude des données de la théorie et de l'expérimentation du laboratoire.

Pour les maladies internes, contagieuses et transmissibles, les faits ne sont pas moins précis ; nous ne parlerons pas des maladies qui se propagent par des matériaux expirés ou qui se détachent de la peau, comme la variole, la scarlatine, la diphthérie, la coqueluche, etc. Les principes morbigènes, dans ces cas, sont connus; on sait que ce sont des corpuscules organiques, et non de simples miasmes gazeux; on les a vus, on les a recueillis dans la poussière des salles d'hôpitaux, on les a ensemencés, et la dessiccation ne compromet nullement leur vitalité. Nous voulons nous borner aux faits relatifs au choléra, à la fièvre typhoïde, dont la transmission par les matières fécales, est aujourd'hui une vérité admise par tous. C'est là le seul point qui nous intéresse dans la discussion actuelle.

D'abord, la fièvre typhoïde. — L'existence de son poison générateur n'est plus discutée. Il est dans les égouts, les fosses d'aisance (Murchison); il est dans les eaux potables, quand des infiltrations ou des communications accidentelles se sont établies (Muller, Krauss, etc.), et comment y est-il arrivé? par les matières fécales. Ce qui le prouve, c'est l'étude attentive de ces épidémies circonscrites, que Griésenger a nommées des *épidémies de maison;* ce sont ces nombreuses relations d'épidémies locales faites par les médecins désignés à cet effet ; les faits bien établis de transmission par les linges ayant reçu les déjections, et la fréquence de la maladie chez les blanchisseuses des hôpitaux.

Pour le choléra, les données sont encore plus frappantes. Le poison cholérique naît sous des influences telluriques, spéciales au lieu de son origine géographique; mais après cette naissance extrinsèque, en quelque sorte, il va se propageant, par le mode intrinsèque, dans l'économie des hommes atteints, il s'y multiplie, et est rendu au dehors par les déjections. De telle sorte que les voyageurs malades s'en vont, semant sur leur route l'infection, par le véhicule des matières fécales.

Ceci est démontré : 1° par les expériences d'infection artificielle; 2° par les succès fréquents des désinfectants comme moyens prophylactiques ; 3° par l'influence nocive des latrines qui reçoivent les déjections des malades ; 4° par l'apparition du choléra dans une ville saine, à la suite du passage d'un malade qui s'est arrêté dans une maison pour y faire usage des latrines; 5° enfin, par la propagation de l'infection au moyen des linges provenant des cholériques. (1)

Voilà les faits. Pour la fièvre typhoïde, le choléra, et d'autres maladies transmissibles dont nous ne pouvons nous occuper ici, le poison est dans les selles des malades.

La dilution dans l'eau tue-t-elle ce poison? Pas plus que la dissémination dans l'air ne tue les germes de la variole ou de l'infection purulente. Ce deuxième coté de la question s'appuie sur l'observation et l'expérimentation.

L'observation a depuis longtemps démontré, tant pour les épidémies parcourant de grandes régions que pour des épidémies locales, que les maladies se propagent le long des cours d'eau et dans le sens du courant.

---

(1) Jaccoud, Traité de pathologie interne, t. II, p. 628.

L'expérimentation : par des expériences récentes, M. Davaine a indiqué que les principes septiques ne voient pas leur activité baissée par le fait des dilutions, et que dans certains cas, au contraire cette vitalité semble s'accroître en raison directe des dilutions que ces principes subissent. C'est ainsi que l'inoculation de liquides septiques étendus d'eau dans de certaines proportions tuerait plus vite les animaux soumis à l'expérimentation que les liquides en nature.

Nous regrettons d'avoir dû entrer dans tous ces détails, que pourtant nous ne faisons que signaler, mais l'importance du débat nous a paru nécessiter ces développements.

Donc, il reste démontré que, en dehors des dangers que les déjections alvines circulant dans les égouts peuvent créer pour la salubrité publique, ces déjections peuvent être les vecteurs de principes directement contagieux dont la dilution dans l'eau ne diminue nullement l'activité.

Il nous reste, Messieurs, à vous rendre compte de notre visite à l'hôpital Sainte-Engénie, et à formuler nos conclusions.

L'Administration des hôpitaux, informée de notre visite, avait bien voulu mettre en rapport avec votre Commission l'un de ses membres et l'architecte de l'hôpital. Ces Messieurs nous ont très-obligeamment fourni tous les renseignements désirables et ont prêté un concours absolu à nos investigations. Nous sommes descendus dans deux fosses à tinettes correspondant l'une au logement de l'économe, l'autre à des cabinets à usage des ouvriers et des gens de service actuellement dans l'hôpital. Nous ne décrirons pas longuement les appareils, qui consistent, ainsi que vous le savez, en vases cylindriques hermétiquement fermés en haut et recevant de ce côté les déjections mêlées à l'eau des cuvettes et présentant sur l'une de leurs faces une plaque métallique perpendiculaire percée de trous dont le diamètre est d'environ 7 à 8 millimètres ; dans le bas de l'appareil, dans l'espace situé au-delà du crible, est une soupape ouverte permettant la sortie des liquides.

Ce crible est destiné à laisser passer les matières liquides et à retenir les matières solides; lorsque le cylindre se trouve rempli de ces matières solides, on le ferme hermétiquement et la vidange s'en opère à distance. M. l'architecte, désireux d'augmenter la perfection de ce filtre, a pris soin de remplir de tannée l'espace libre compris entre le crible et la circonférence du vase. Tel est l'appareil.

En descendant dans ces chambres à tinettes, nous avons été frappés de la mauvaise odeur qu'elles exhalaient; les rigoles à découvert qui mènent les liquides à l'égout étaient couvertes de débris de matières fécales faciles à reconnaître. Nous avons fait fonctionner les cuvettes et la projection de l'eau a immédiatement fait sortir de la soupape inférieure un liquide coloré, épais et infect pour l'une des tinettes (nous avons appris depuis qu'on avait négligé de mettre le crible à cette première tinette), moins dense, mais encore très-coloré et très-odorant pour une autre fonctionnant avec son crible et sa tannée.

Ne perdez pas de vue, Messieurs, que nous étions en présence d'excréments de personnes en bonne santé; si les déjections alvines eussent été liquides, comme dans le choléra, la fièvre typhoïde, la dyssenterie, les tinettes n'eussent rien conservé, tout eût été entraîné à l'égout.

Il nous était, par ce fait, démontré que l'Administration, qui avait parlé d'un liquide incolore et limpide, n'avait pas fait la petite expérience que nous subissions.

Le résultat de cette visite, Messieurs, n'a laissé aucun doute dans notre esprit. Non-seulement les liquides excrémentitiels de Sainte-Eugénie sont susceptibles d'entraîner des germes contagieux, mais ils augmenteraient, dans une notable proportion, l'insalubrité et les fermentations putrides, déjà trop grandes, de nos canaux et de nos égouts.

Que nous restait-il à faire? Rechercher le système de

collection des matières et de vidange qui nous paraîtrait préférable au système actuel. C'est ce que nous avons fait, avec l'aide de l'architecte de l'Administration, autorisé à conférer avec nous.

Deux systèmes sont en présence.

Le premier consiste à faire intervenir, pour la purification des liquides, avant leur écoulement à l'égout, le décantage joint à l'usage du filtre. Voici comment pourraient être installées les citernes destinées à cet usage. Deux fosses, voisines, recevraient successivement chacune, pendant un mois, les déjections provenant des mêmes cabinets; la chute des matières alternativement dans l'une et dans l'autre fosse serait assurée par un système de vannes facile à concevoir. De telle sorte qu'une fosse se reposerait et permettrait ainsi aux matières solides de se précipiter dans le fond, pendant que l'autre fonctionnerait. Après quinze jours ou trois semaines de repos, écoulement serait donné aux liquides par l'ouverture d'une vanne placée à 50 centimètres au-dessus du fond et portée par un massif de maçonnerie; par cette ouverture, munie d'un filtre, les liquides seuls se précipiteraient; les solides, demeurés dans la fosse, seraient extraits par les procédés ordinaires de vidange et fourniraient à l'agriculture un engrais dont la qualité assurerait l'extraction à peu de frais.

Nous ne pensons pas que ce système puisse être adopté pour les raisons suivantes. D'abord il coûterait fort cher à installer (**71,500 fr.** d'après les données de l'Administration), puis les avantages seraient loin de compenser cette dépense excessive. En effet, les poisons contagieux passeraient, dans ce cas, aussi librement sans doute que dans le système dit diviseur, et l'extraction des matières solides aurait tous les inconvénients de la vidange en masse. Le seul avantage serait dans la diminution des frais de vidange, mais nous verrons que les moyens de diminuer cette dépense annuelle pourraient être assez facilement trouvés avec le système ordinaire. Quant à l'emploi des moyens désinfectants que votre rapporteur de 1870 vous conseillait comme pis aller, il faut avouer que les résultats ne répondraient probablement pas au but qu'on cherche à atteindre.

Un grand nombre d'agents désinfectants ont été proposés, les uns tendant à détruire l'odeur, les autres ayant la prétention de détruire les germes : on a employé successivement le charbon pulvérisé, la tourbe non-calcinée, l'acétate de plomb, le chlore, le protosulfate de fer, le chlorure de soude, le sulfate de chaux, l'alun, le sulfate de zinc, l'acide phénique, etc., etc... La multiplicité même de ces agents indique qu'à cet égard on est resté sur le terrain des tentatives, et que la science hygiénique ne possède encore aucune donnée précise et qui puisse mettre à l'abri de craintes légitimes. Donc, filtration, décantage, purification par les agents chimiques, tout cela est loin de constituer une garantie absolue.

Force est donc de revenir aux moyens ordinaires, fosses fixes et enlèvement des solides et des liquides en masse.

Dans ce cas la dépense d'installation est relativement peu considérable (37,500 fr.), et cette installation peut s'opérer sans amener la moindre pertubation dans la disposition générale des cabinets et des tuyaux de descente.

Le savant architecte de Sainte-Eugénie a bien voulu nous communiquer la disposition probable de ces fosses si leur construction était décidée. Voici ce que l'on pourrait faire :

Trois vastes citernes seraient creusées le long et en dehors de chacun des deux grands pavillons de l'hôpital; l'une au milieu, les deux autres aux extrémités; chacune d'elle correspondrait aux chambres à tinettes déjà construites, de telle sorte qu'il n'y aurait absolument aucune modification à établir aux conduites actuellement existantes; il n'y aurait qu'à assurer l'écoulement des déjections dans les citernes au lieu de les laisser tomber à l'égout. La vidange des citernes des extrémités se ferait aisément par une bouche ménagée à l'extérieur de l'établissement, l'une sur le boulevard Montebello, l'autre sur le chemin de ronde ; quant à la citerne du milieu, rien ne serait plus facile, en lui donnant un niveau de fonds supérieur au niveau des deux autres, que d'en assurer le déversement dans les citernes voisines au moyen d'un conduit ouvert pendant l'opération. Ainsi les voitures de vidanges ne pénétreraient pas dans l'hôpital et les malades ne seraient nullement incommodés par les émanations des fosses. Des cheminées d'appel, déjà existantes, ventileraient toutes ces citernes ; enfin leur capacité suffirait pour contenir les eaux fournies par les cabinets correspondants pendant un mois. Mais ce calcul est basé sur le volume d'eau projeté actuellement dans les tinettes à chaque mouvement de soupape des cabinets ; ce volume d'eau n'a plus sa raison d'être si l'on renonce au système diviseur, et pourrait être réduit à la quantité simplement nécessaire au lavage des cuvettes ; ainsi les citernes s'empliraient beaucoup moins vite, et les matières excrimentitielles ne perdraient plus leur qualité d'engrais : la diminution des frais de vidange serait la conséquence forcée de cette légère modification qui ne diminuerait en rien la salubrité intérieure de l'hôpital.

Outre ces six grandes fosses, cinq chambres à tinettes seraient simplement converties en citernes ; trois existant actuellement sur la façade principale de l'hôpital, et correspondant au logement du concierge, de l'économe et aux bureaux, deux desservant la maison de santé et s'ouvrant, l'une sur le boulevard, l'autre sur le chemin de ronde. Pour ces cinq fosses, la dépense serait nulle, car il suffirait d'enlever les tinettes et de fermer l'égout ; toutes cinq sont déjà munies de leur cheminée d'appel ; la vidange s'en ferait par le dehors, et enfin leur capacité ne nécessiterait, même avec la masse d'eau actuelle, qu'un enlèvement tous les deux mois.

Vous voyez, Messieurs, en résumé, que l'installation des fosses est praticable, qu'elle n'entraînerait pas l'Administration à de grands frais, que la diminution possible de la quantité d'eau projetée diminuera le nombre des enlèvements, laissera aux matières fécales leur qualité d'engrais, par conséquent ne les privera plus de toute valeur commerciale.

C'est donc à ce système que votre Commission s'est arrêtée, persuadée qu'il est le seul qui préserve la cité des dangers d'infection, tout en laissant intacte la salubrité actuelle de l'hôpital Sainte-Eugénie.

Nous avons la confiance que l'Administration des hôpitaux, mieux éclairée, comprendra le bien fondé de nos réclamations et qu'elle se montrera soucieuse de la santé publique, comme elle s'est montrée soucieuse du bien des malades confiés à ses soins.

Votre Commission, en conséquence, vous propose de confirmer votre délibération en date du 14 mai 1876, et de soumettre à l'approbation de M. le Préfet les conclusions suivantes :

1° Le Conseil central de salubrité du département du Nord, se fondant sur les faits d'observation et d'expérimentation qui établissent la dissémination par les matières fécales des poisons générateurs de certaines maladies transmissibles, et en particulier du choléra et de la fièvre typhoïde, sur la disposition spéciale des canaux et des égouts de la ville, sur l'imperfection des procédés séparateurs et l'entraînement certain de matières putrescibles, prie instamment M. le Préfet de s'opposer au fonctionnement du système dit diviseur établi actuellement dans l'hôpital Sainte-Eugénie ;

2° Le Conseil, considérant qu'aucun appareil de filtration, qu'aucun procédé chimique de désinfection ne préservent absolument de cette dissémination morbide, recommande le système des fosses fixes et des vidanges en masse, qui est de droit commun dans notre ville, et le seul qui garantisse de l'écoulement des matières nuisibles hors du lieu de production.

Dr HALLEZ, rapporteur.

Lille, le 18 octobre 1876.

Ce Rapport donna lieu au Mémoire scientifique suivant, adressé par l'Administration des Hospices à M. le Maire de Lille :

Lille, le 11 avril 1877.

*Les Administrateurs des Hospices de Lille
à M. le Maire de Lille.*

Monsieur le Maire,

Nous avons l'honneur de vous adresser un mémoire en réponse au Rapport du Conseil central d'hygiène et de salubrité du département du Nord, en date du **30 novembre 1876**; nous nous sommes particulièrement attachés, dans ce travail, à rencontrer les arguments principaux du rapport et surtout à bien établir que les moyens qu'il propose, en remplacement du système diviseur, sont actuellement condamnés par la Science et l'expérience.

Nous nous permettrons d'attirer particulièrement votre attention sur cette circonstance que les eaux de la Deûle, dans leur parcours de Lille, ne sont pas destinées à l'alimentation, et que, dès lors, elles sont sans influence sur l'état sanitaire de la ville. Et, en ce qui concerne les émanations prétendûment insalubres, de nombreuses observations ont démontré que la circulation des liquides frais, provenant des déjections humaines, alors qu'ils sont mélangés à des masses d'eau considérables, et ne sont point corrompus par un séjour prolongé dans des fosses fixes, est complètement inoffensive.

Après avoir répondu, aussi nettement que possible, à l'argumentation dirigée contre les prétendus dangers du système diviseur, nous croyons devoir aborder la question si importante du passage des liquides provenant de l'hôpital Sainte-Eugénie dans les canaux de la ville.

Nous avions dit que nos eaux tombaient dans le canal des Stations, où en 24 heures elles se mélangeaient à 260,000 hectolitres d'eau. Le rapport fait remarquer que c'est là une erreur; que s'il est vrai que les eaux, parties du boulevard Montebello et entrant dans les rues d'Esquermes et Notre-Dame, rencontrent des canaux de dérivation (rue d'Antin et rue Ratisbonne) qui les conduisent à la rivière des Stations, la plus grande masse continue sa route à travers les canaux de la ville.

Voilà le premier argument ; il serait bien facile de donner sur ce point satisfaction au Conseil central d'hygiène, — ce serait de changer, au départ, la direction des eaux, et de transformer en réalité l'écoulement direct et immédiat dans le canal des Stations. Il suffirait, pour y parvenir, de continuer la canalisation du boulevard Montebello jusqu'à la rivière des Stations ; soit sur une longueur de 220 mètres environ. Un barrage serait placé à l'orifice de l'égout de la rue d'Esquermes, et les eaux en amont seraient directement déversées dans ladite rivière, dont le débit est considérable, ainsi que cela est reconnu. Le travail serait d'autant plus facile que sur ces 220 mét., la moitié a déja été faite et sert à recevoir les eaux de M. Rouzé, brasseur, et de MM. Samuel Walker et Cie. La dépense ne s'élèverait guère au-delà de quatre à cinq mille francs, et l'Administration des hospices, désireuse d'introduire toutes les améliorations possibles, offre de faire exécuter ce travail à ses frais.

Vous apprécierez, Monsieur le Maire, s'il convient de donner suite à cette proposition.

Mais indépendamment de la circulation des liquides de Sainte-Eugénie à travers les égouts et canaux de la ville, tantôt à ciel ouvert et tantôt sous les rues et maisons, le Conseil d'hygiène trouve encore de graves inconvénients à ce qu'il appelle l'*insensibilité du courant dans plusieurs endroits*, et même, dit-il, l'arrêt sovvent complet du courant par les opérations du moulin Saint-Pierre.

Si cet état de choses présente réellement de graves inconvénients, nous sommes obligés de reconnaître que nous ne pouvons le modifier, et qu'un seul remède serait possible, ce serait de trouver une autre direction pour nos eaux. Mais celà est-il praticable, telle est toute la question ? Pour la résoudre, nous nous sommes livrés à une étude attentive de la canalisation des égouts dans la ville de Lille. C'est le résultat de cet examen que nous avons l'honneur de vous soumettre.

La porte des Postes occupe le point culminant de deux grands égouts, dont l'un suit le boulevard Montebello, la rue d'Esquermes, la rue Notre-Dame, avec dérivations vers la rivière des Stations, puis la rue Nationale et le canal des Poissonceaux ; et en cas de fermeture de la vanne de la rue Puébla, le Conseil ajoute que les eaux rentrent en ville par le canal des

Hybernois, etc., etc. C'est par le canal du boulevard Montebello que nos liquides devaient s'écouler.

L'autre égout, en pente contraire, part du même point, suit dans toute sa longueur le boulevard Vallon, le boulevard d'Italie, le boulevard Louis XIV, et se jette à la porte du même nom dans les fossés de la ville, après avoir recueilli sur son passage les eaux d'un grand nombre d'usines du quartier des Moulins. Pendant tout ce trajet, l'égout est entièrement couvert, — puis, en contournant le côté Est de la ville, il vient aboutir hors de la porte d'Eau, en pleine Basse-Deûle.

Si l'hôpital Sainte-Eugénie, au moyen d'une canalisation spéciale, pouvait envoyer ses eaux dans cet égout, ne serait-ce point écarter du même coup toutes les objections soulevées contre les prétendus dangers que cette circulation fait courir à la Ville?

Plus d'égout à ciel ouvert, plus de stagnation des eaux! Au sortir de la ville, à la porte Louis XIV, l'égout a un débit moyen de 150 litres à la seconde, — soit la moitié du canal des Stations — donc 130,000 hectolitres en 24 heures. La pente de la porte des Postes, à la sortie de la ville, est de 1 mètre 90 cent. Le courant est rapide, on le comprend sans peine, en présence de l'énorme masse d'eau qui sort des établissements industriels. Depuis la porte Louis XIV jusqu'à la Basse-Deûle la pente est de 1 mèt. 30 cent., soit en totalité 3 mèt. 20 cent. sur tout le parcours de cet égout.

Donc, la traversée se fait sous terre, et c'est seulement au-delà de l'enceinte que la rigole circule à ciel ouvert au fond des fortifications, à l'Est de la ville. Les vents dominants à Lille étant ceux de l'Ouest, qui soufflent pendant près de neuf mois de l'année, on peut dire qu'en admettant même quelques émanations (ce qui est contesté), et surtout des miasmes insalubres (ce qui est énergiquement combattu par le Président de l'Académie de médecine de Paris, et par M. Jaccoud), la ville de Lille serait complètement à l'abri de ce danger.

Pour changer le mode de sortie des eaux de l'hôpital Sainte-Eugénie et la construction d'un aqueduc aboutissant à la porte des Postes, la dépense serait de 12,000 fr. environ.

Ainsi qu'elle l'a proposé ci-dessus pour le canal des Stations, l'Administration a l'honneur, Monsieur le Maire, dans le cas où le dernier trajet vous paraîtrait préférable, d'exécuter à ses frais les travaux qu'il entraînerait. Mais du moins, aujourd'hui qu'un apaisement sérieux est fait dans les esprits, permettez-nous d'espérer que vous voudrez bien retirer votre arrêté du 22 mai 1876 et n'apporter aucune entrave à l'ouverture de l'hôpital Sainte-Eugénie.

Un plan annexé à la présente vous montrera mieux que toutes les explications les avantages du dernier tracé.

Dans l'espérance d'une prompte réponse, nous vous prions d'agréer, Monsieur le Maire, l'assurance de notre considération la plus distinguée.

(Suivent les signatures).

RÉPONSE

AU

Rapport du Conseil central d'hygiène du Nord.

Le Conseil central d'hygiène et de salubrité du département du Nord a — dans sa séance du 23 octobre 1876 — adopté « *l'ensemble et les conclusions* » d'un rapport concluant à la non-acceptation du système diviseur, appliqué aux vidanges de l'hôpital Sainte-Eugénie, et à « *revenir aux moyens ordinaires, fosses fixes et enlèvement des solides et des liquides en masse.* » C'est là une proposition en contradiction absolue avec les données les plus positives de l'hygiène urbaine.

La Commission des Hospices, en construisant l'hôpital Sainte-Eugénie, avait la liberté la plus grande dans le choix du système qu'il convenait d'appliquer; elle se livra près des corps scientifiques et des hommes compétents à une enquête minutieuse; et malgré l'énormité de la dépense, elle n'hésita point à accepter le système qui offrait les meilleures conditions hygiéniques. Un arrêté du Maire, en date du 12 octobre 1869, autorisa la mise en pratique du système diviseur, se réservant de faire cesser la tolérance si l'expérience venait à y révéler des inconvénients. A Paris, l'Ordonnance du 2 juillet 1867 n'avait également autorisé qu'à titre provisoire l'établissement de fosses mobiles filtrant à l'égout (1) ; l'application en a donné des résultats hygiéniquement si satisfaisants, que le Préfet de la Seine, à la date du 13 mai 1872 (2), en a prescrit l'adaptation à toute maison pourvue d'un embranchement d'égout. C'est bien là un fait qui méritait d'être signalé. Le Conseil d'hygiène du Nord n'a pas cru devoir s'y arrêter ; et, dans son ardente préoccupation de sauvegarder l'hygiène urbaine, qui n'est en rien menacée, peut-être n'a-t-il pas exactement pesé tous les termes du problème ; aussi, la Commission des Hospices hésite encore à croire que, parmi tant d'hommes éminents qui préconisent le système diviseur, l'erreur se soit autant généralisée. Pour faire cesser toute appréhension, elle se proposait même de faire passer les liquides à travers une couche de matière poreuse interposée entre la grille et le tonneau, disposition qui n'est pas obligatoire à Paris.

Sans vouloir suivre le rapport dans toutes les considérations dont on a cru utile de l'enrichir et notamment dans le meilleur mode de pansement des plaies, fait qui intéresse la pratique chirurgicale, mais dont nous n'avons point à nous occuper dans la question d'hygiène publique, qui seule ici est en cause et que nous abordons immédiatement, un premier point doit être signalé.

---

(1) Arrêté réglementaire pour l'écoulement des eaux vannes dans les égouts publics par voie directe. — 2 juillet 1867.

Le Sénateur, Préfet de la Seine, etc.

Article premier. Les propriétaires de maisons en bordure sur la voie publique pourront faire écouler les eaux vannes de leurs fosses d'aisance dans les égouts de la ville, d'une manière directe.

Article II. § 3. Les eaux vannes devront être séparées des solides au moyens d'appareils diviseurs d'un modèle accepté par l'Administration.

(2) Le Préfet du département de la Seine, etc.

Vu l'Ordonnance de police du 23 septembre 1843, qui autorise l'exploitation d'un système de fosses d'aisance comportant un appareil diviseur pour les solides et un réservoir pour les liquides ;

Vu le rapport du Directeur des eaux aux égouts ayant pour objet l'interdiction de ce système,

Arrête :

Article premier. Les appareils sur réservoirs, autorisés par l'Ordonnance sus visée, sont interdits pour l'avenir.

Ceux qui existent actuellement seront supprimés successivement, savoir :

Dans toute maison pourvue d'un branchement d'égout susceptible de recevoir les liquides des appareils, lors de la plus prochaine vidange ;

Dans toute autre maison, lors de la première vidange qui suivra l'établissement d'un branchement pouvant recevoir les liquides.

Paris, 13 mai 1872.

Le rapporteur promène, avec une certaine complaisance, à travers la moitié de la ville et de canaux en canaux, les déjections de l'hôpital Sainte-Eugénie. Il suffirait pour écourter ce trajet, de continuer l'égout du boulevard Montebello depuis la rue d'Esquermes jusqu'au canal des Stations. Mais les objections suscitées n'en seraient point pour cela levées.

Cette question des déjections doit être examinée.
1° Dans l'intérieur de l'hôpital ;
2° Dans le trajet à parcourir à travers la ville.

A l'intérieur de l'hôpital, aucune dissidence n'est possible : le système diviseur est précisément celui qui ne laisse aucune odeur dans les cabinets d'aisance, parce qu'après chaque évacuation, un lavage automatique noie et emporte les matières. « *Nous nous plaisons*, dit le rapporteur, *à déclarer qu'en ce qui* » *concerne l'installation intérieure, l'hôpital Sainte-Eugénie* » *remplit admirablement toutes les conditions hygiéniques con-* » *seillées par la science moderne ; mais notre réclamation vise à* » *la salubrité du dehors.* »

Au dehors, voilà la grosse préoccupation du Conseil d'hygiène. Ici nous admirons combien il sait allier l'esprit de tradition, de conservation des usages antiques, en un mot, « *des* » *moyens ordinaires : fosses fixes et enlèvement des solides et des* » *liquides en masse* », avec une doctrine tombée dans l'oubli, et qui, il y a quelque dix ans, eut une certaine vogue, à la suite des publications de l'Américain Salisbury (1) et du botaniste Hallier (2).

Et d'abord, qu'advient-il des vidanges avec le système diviseur ? — Avec le système diviseur, perfectionné surtout par l'interposition d'une couche poreuse entre le crible et le tonneau, les matières solides restent dans le tonneau — les matières en suspension sont retenues dans le filtre poreux, et les liquides seuls s'échappent : mais ces liquides sont chargés de matières organiques en dissolution, et il advient que : 1° par cette rétention des solides disparaît l'aspect nauséabond de matières fécales qui surnagent en suivant le cours de l'eau ; 2° un autre avantage pratique, c'est que l'envasement est évité. De fait, les dépôts ne peuvent se former : les matières sont déjà dissoutes et, sur leur passage, elles reçoivent les eaux des bains, de la cuisine, de la pharmacie, de la buanderie, etc. Voilà pour leur sortie de l'hôpital ; sur leur trajet, elles s'adjoignent

---

(1) Americal Journal of Medical sciences, 1866.

(2) Schmidt's Jahrbüches, 1807, vol. III.

encore les eaux des usines, des ruisseaux, etc. Et s'étendant d'une plus grande masse d'eau, c'est-à-dire se diluant davantage, elles ne peuvent former de précipité.

§ I.

Mais ces eaux chargées de matières organiques dissoutes n'apportent-elles pas une certaine nuisance aux eaux traversant la ville? — Laissons ici la parole au rapporteur : « *Nous voulons bien convenir pour le moment que nos canaux ne seront ni plus infects ni plus chargés de matières putrescibles qu'auparavant ; mais ils seront plus dangereux. Il ne s'agit pas d'odeurs, de fermentations putrides ; il s'agit avant tout de* GERMES, *de* CONTAGIUM MORBIDE, *et ces germes et contagium échappent aux dilutions annoncées.* »

Ainsi, le Conseil central d'hygiène qui, *à l'unanimité, adopte l'ensemble du rapport*, ne redoute point l'augmentation des matières fermentescibles ; en cela assurément tout Lillois adopte cette appréciation. Qui n'a vu, pendant l'été, des bulles de gaz éclater à la surface de cette eau multicolore qui traverse la ville et dans laquelle poissons ou végétaux ne sauraient vivre ? Mais ce qui préoccupe le Conseil d'hygiène, ce sont ces germes morbides, germes de contagion qui, véritables graines, vont circuler dans les canaux, cherchant un organisme pour y prendre racine et s'y développer ; et même, voyez la culpabilité de la Commission des Hospices : elle a négligé « *microzoaires ou microphytes, dont il n'est question dans aucune des notes de l'Administration.* » On le voit, il ne s'agit pas pour le Conseil central d'hygiène de la métaphore « germes morbides » usuellement employée, mais bien d'Etres organisés.

Ce n'est pas tout encore.

« *Les principes septiques ne voient pas leur activité baisser par le fait des dilutions, et, pour certains cas, au contraire, cette vitalité semble s'accroître en raison directe des dilutions que ces principes subissent.* » Nous ne nous arrêterons point à cette dernière interprétation, qui ne tendrait à rien moins qu'à écarter l'importance du débit des cours d'eau, et ferait même préférer un ruisseau à un fleuve.

Il y a, dans ces assertions, une fantaisie étiologique qui peut séduire quelques esprits distingués, mais qui ne saurait s'accréditer, et le Conseil central d'hygiène, qui invoque de tels arguments, reconnaît lui-même qu'ils sont si peu acceptés qu'il

en arrive à prophétiser : « *les cliniciens ne tarderont pas à pro-*
» *clamer et à* PROUVER *l'existence d'une panspermie morbigène à*
» *côté de cette panspermie des fermentations.* »

Eh bien ! Non, et c'est vraiment regrettable ! On accueillerait avec tant d'empressement cette panspermie morbigène si elle pouvait se recommander du moindre microzoaire ou d'un minuscule microphyte; l'explication des maladies transmissibles y gagnerait en clarté, malheureusement nous n'en sommes point là et cette pathologie animée, où l'on prétend pouvoir cultiver les microphytes ou faire l'élève des microzoaires, en est encore à fournir des preuves ; il y a plus, elle marche à l'encontre de faits qu'une observation courante établit journellement. Il y a des agents spécifiques, mais il n'y a pas de germes morbides; on fait naître presque à volonté typhus et dyssenterie, comme en témoignent les armées en campagne ; comme également, à volonté, quand on interpose de meilleures conditions d'hygiène, les facteurs morbides s'éteignent et disparaissent. En serait-il ainsi avec des germes morbides? Ils ont la vie dure les infiniment petits : ce fungus rouge (oïdium aurantiacum) qui, en 1847, s'attachait au pain de Paris, ne perdait sa vitalité qu'à 120° C. Bien plus, une graine de médicago enchevêtrée dans des toisons du Brésil soumise à toutes les opérations de la teinturerie, pendant quatre heures d'ébullition mise en terre, germa (1) ! Que les naturalistes attachent de l'importance aux vibrions, bactéries, spirobactéries, coccus, etc., c'est du domaine de leurs études ; mais, pour les cliniciens, ce ne sont là que des accidents qui relèvent uniquement des décompositions organiques. Le physicien Tyndall accepta et défendit la doctrine des germes morbifiques; sir W. Jenner, Président de la Société clinique de Londres, répondit (2) que l'autorité du professeur Tyndall serait plus grande sur le point en litige, *s'il avait lui-même étudié le sujet.*

L'impossibilité où tous, jusqu'à ce jour, se sont trouvés de montrer un germe morbide suffirait pour légitimer le doute philosophique, dont l'homme de science ne doit jamais se départir; mais il y a mieux, Paul Bert a montré que les organismes ne constituent pas le contagium infectieux. L'oxygène sous pression tue les organismes inférieurs et n'a point d'action sur les ferments tels que la diastase. On prend du sang charbonneux, on le soumet à la pression de l'oxygène, les orga-

(1) V. Acc. scienc., 1866.
(2) Revue des cours scientif., t. X, p. 564.

nismes sont tués et précisément ces organismes, ces myriades d'organismes qu'on considérait comme étant les germes morbides étant tués, ne devraient plus communiquer la maladie, eh bien ! Pas du tout, le sang reste virulent.

Même, les expériences de Davaine sont sous un autre aspect de la question péremptoirement démonstratives, puisqu'elles montrent la formation d'un virus : on injecte dans le sang d'un animal du sang putréfié, et pour rendre l'animal malade il en faut des *doses massives*, et alors il arrive que ce *poison* septique, élaboré par l'organisme, devient *virus* et d'une telle activité que la *moindre goutelette* de sang de l'animal empoisonné, déterminera promptement la mort d'un animal auquel on l'inoculera ; témoignage nouveau de l'inanité de la pathologie animée, puisqu'on a créé un virus. Cela permet à tous les Lillois de dormir en paix ; ils peuvent être assurés que les microphytes et microzoaires morbides ne viendront point mettre leurs jours en péril, et cela par la très excellente raison qu'il n'y en a point.

§ II.

Cependant il est avéré que les eaux d'égout sont insalubres. Dans quelles conditions le sont-elles ? Telle est la question. Les eaux peuvent entrer dans la consommation domestique ou altérer l'atmosphère avoisinante par leur évaporation. Il y a donc lieu d'examiner si elles sont nuisibles par l'ingestion ou par les émanations.

Le Conseil de salubrité passe absolument sous silence cette question. Le fait des eaux d'Emmerin a cependant sa valeur, mais poursuivons : des faits probants et multipliés établissent que l'eau de boisson chargée de détritus de fosses d'aisance est nuisible.

A Paris, en 1865, le choléra sévit dans le quartier Montmartre encore alimenté par les anciennes distributions d'eau, mais l'année suivante, en 1866, Montmartre recevait les eaux de la Dhuys· et fut à peu près indemne. En 1832 et 1849, Manchester alimenté par des eaux impures fut décimé par le choléra, alors qu'en 1854 et 1867 recevant l'eau des collines du Derbyshire, le choléra ne s'y est plus montré qu'à l'état sporadique.

A Londres, où toutes les questions d'hygiène sont très-étudiées, la démonstration a été mathématiquement faite.

Le docteur Farr (1) a même prouvé que la violence de l'épidémie était en relation directe avec la quantité d'impuretés contenues dans l'eau de boisson : ainsi dans l'épidémie de 1849, la mortalité du choléra calculée par 10,000 habitants fut :

a Dans les quartiers de Londres, recevant l'eau de la Tamise puisée à Kew, de.................................... 8
b Dans les quartiers de Londres, recevant l'eau de la Tamise puisée à Hammersmith...... 17
c De Belgravia, St-George's Hanover sq., Chelsea, Westminster, recevant de l'eau puisée au-dessous de Chelsea.......... 47
d De Battersea près Waterloosbridge, où le fleuve était encore plus souillé.. 163

Et, fait frappant, ces mêmes quartiers classés ici sous la lettre *d*, n'ont plus présenté lors de l'épidémie en 1854, qu'une mortalité de 87 au lieu de 163 par 10,000, parce que la moitié de l'eau mise en distribution, était puisée en amont de Londres, au-dessus de l'écluse de Teddington ; et voici qui achève la démonstration :

En 1866, ces quartiers ne recevaient plus que de l'eau puisée au-dessus de Teddington ; la mortalité ne fut que de 8 !

Ces faits sont précis, mais en voici un autre qui montre combien l'hygiène urbaine est surveillée en Angleterre.

Il s'agit encore de Londres. Dans l'épidémie de 1866, le fonctionnaire (*Registrar general*) chargé d'enregistrer chaque semaine la vitalité, c'est-à-dire le chiffre des naissances et des décès, signalait que dans l'Est de Londres la mortalité sévissait avec violence ; les quartiers recevant leur eau de Old-Ford présentaient une mortalité oscillant entre 63 et 111 par 10,000 habitants, tandis que dans les autres quartiers alimentés par une eau de bonne qualité, la mortalité variait de 2 à 12. Ce réservoir d'Old-Ford, d'une étendue d'environ six hectares, est creusé dans le sol et peu distant de la rivière Lea. A chaque marée il se trouve en contre-bas des eaux, et comme le sol environnant est saturé par les égouts, Frankland soupçonna que par le fait de la marée la nappe d'eau souterraine subissait des fluctuations de niveau, et que des infiltrations devaient se produire ; il provoqua l'épuisement du réservoir ; des pompes furent établies, mais les infiltrations étaient si considérables qu'on ne put parvenir à l'épuiser entièrement.

La double observation de Farr et de Frankland montre l'importance d'une eau de bonne qualité et le danger des fosses.

(1) Revue des cours scientif., 1867, p. 6.

L'année dernière, une épidémie de fièvre typhoïde éclata à Croydon, et dans des conditions absolument démonstratives, en ce sens qu'elle avait été prédite par le docteur Carpenter qui même avait fait insérer sa réclamation dans les procès-verbaux de la Municipalité [1]. La ville est alimentée par deux réservoirs d'eau; le conduit d'un de ces réservoirs, en contact avec les eaux d'égout, était érodé et, quand la pression dans la conduite d'eau fléchissait ou disparaissait par les intermittences de distribution, les matières d'égout pénétraient : Chose bien digne d'attention, l'épidémie fut limitée au district alimenté par l'eau contaminée.

Mais à Lille, rien de semblable n'est à appréhender, et avant même que l'eau filtrée des vidanges de Sainte-Eugénie apparaisse, nul ne songe à se désaltérer avec l'eau du canal des Stations ou de la Basse-Deûle, et l'ingestion d'une telle eau est écartée. Il est même vraisemblable que le Conseil central d'hygiène, gardien si vigilant des intérêts sanitaires de la cité, a depuis longtemps fait interdire aux brasseurs de puiser dans les canaux, et averti la population des dangers qu'elle courait à consommer une eau où se déversent des bains de teinturerie à base souvent arsenicale, cuprique ou chargée de cyanures.

Voilà donc un point établi : il n'est pas salubre de boire de l'eau souillée par les matières fécales; on s'en était toujours douté, mais la preuve en est acquise. Reste le second côté de la question. Si on peut se dispenser d'ingurgiter une telle eau, on n'est pas aussi libre d'échapper aux émanations et le problème se pose ainsi :

§ III.

Les émanations, en les supposant possibles, hypothèse absolument gratuite et irréalisable, étant donnée la masse d'eau qui emportera le liquide filtré, mais en les admettant, ces émanations pourraient-elles présenter des dangers pour la salubrité?

En présence d'un tel problème, les impressions sont insuffisantes pour former une opinion; il faut des faits. En eux seuls réside la justification des mesures à adopter et à appliquer.

« *L'exemple de Paris* », lisons-nous dans le rapport, « *n'en-*
» *traine pas notre conviction. Qui ignore les protestations inces-*

---

[1] « Medical times and gazette, 1876 », vol. 1, p. 577; — et « Bulletin acad. médecine, 1877 », p. 232.

» santes des localités en aval à qui revient le triste privilège de
» recueillir les déversements des égouts de Paris; les maladies
» qui y sévissent et dont il faut rechercher l'origine dans les
» écoulements de matériaux chargés des principes contagieux? »

On le voit, le Conseil central d'hygiène ne se laisse pas servilement guider par l'exemple de la ville de Paris. Il faut cependant bien convenir que les laborieuses investigations des hommes éminents qui ont assumé la lourde responsabilité de mesures qui touchent à l'hygiène de deux millions d'habitants, doivent avoir une importance valant bien les « *protestations incessantes* », mais intéressées des localités en aval de Paris, et qui ne seraient assurément pas fâchées, tout en recevant pour leurs terres un engrais gratuitement fourni, d'y ajouter une certaine indemnité en argent. Mais leur santé en a-t-elle souffert? C'est le fait à examiner.

L'autorité Préfectorale de la Seine, voulant s'éclairer, avait demandé à la municipalité de Gennevilliers le relevé des décès et de leurs causes pendant les années qui avaient précédé les irrigations, puis, dans ces dernières années.

La Municipalité a déclaré que les pièces relatives aux années écoulées jusqu'en 1870 avaient disparu de ses archives. C'est là une lacune regrettable assurément, mais dont nous pouvons nous passer en analysant le relevé des décès depuis 1870, et nous verrons s'il est possible d'incriminer les irrigations.

Parmi les maladies infectieuses ou zymotiques, dont la cause pourrait être imputable aux irrigations, nous trouvons (1), pour un total de quatre années :

Fièvre typhoïde,	1 cas.
Id. intermittente,	2 cas.
Dyssenterie,	10 cas.

Les deux décès de cause palustre n'ont rien qui doive les faire attribuer aux eaux vannes; nous verrons même plus loin que si des mares se sont formées, il faut le rapporter à l'exhaussement de la Seine, fait consécutif à la surélévation du barrage de Bezons. — Les dix cas de dyssenterie doivent peut-être fixer l'attention; mais de ces dix cas, quatre appartiennent à l'année 1870, alors que vingt-et-un hectares seulement étaient irrigués, et encore étaient-ils éloignés de Gennevilliers. Dès 1872, l'irrigation dépassait 45 hectares; dès 1873, 80 hectares, et se rapprochait de Gennevilliers. Il n'y avait plus en 1871-72-73 que deux *cas de dyssenterie*.

(1) Assainissement de la Seine, t. II, p. 75.

L'irrigation n'aggravant pas la mortalité, puisqu'elle n'apporte aucun élément pernicieux, le chiffre des décès ne doit donc pas sensiblement varier. De fait, nous constatons qu'en 1866, la population comptait 2,186 habitants ; en 1872, il n'y en avait plus que 1,897 ; on reprit les irrigations, et, en 1875, Gennevilliers avait 2,074 habitants ; de 1866 à 1874, la mortalité fut successivement de 49 — 60 — 52 — 44 — 52 — 45 — 48 — 37 — 49, soit donc pour les années 1872, 73 et 74 = 134 décès ; tandis qu'avant les irrigations et sur une population sensiblement égale, nous trouvons 1866, 67 et 68 = 161. Cette diminution de mortalité prouve au moins que la salubrité de Gennevillers n'a point été altérée, et peut-être témoigne-t-elle que l'aisance s'y est généralisée.

Hâtons-nous de le rappeler, cette innocuité des matières d'égout est un fait depuis longtemps connu. Il y a des siècles que ces irrigations se font dans le voisinage immédiat d'Edimbourg, Lausanne, Milan, Novarre, etc., et la salubrité reste parfaite. Nous pourrions rapporter bien d'autres faits s'il en était besoin. Mais nous nous bornerons à relater que, récemment, le président de l'Académie de médecine de Paris affirmait, dans la séance du 23 janvier 1877 ; que « la population » nombreuse des égoutiers, qui est incessamment exposée à » toutes les influences réputées morbides qui peuvent se dé- » gager des eaux d'égouts, cette population se porte très-bien. » On ne constate pas, dans les temps d'épidémie, que le nombre » des cas de maladies actuelles se développe chez les égoutiers » dans une proportion accrue, qui serait l'expression de l'in- » tensité augmentée des *causes* qu'ils auraient subies. », et cette affirmation prend une autorité spéciale : le membre de l'Institut, Président actuel de l'Académie de médecine, présida la Commission d'enquête chargée d'étudier la question d'irrigation à l'aide des eaux d'égout.

Le savant professeur d'hygiène à la Faculté de médecine de Paris s'est efforcé de montrer que les déjections des malades atteints de fièvre typhoïde ne sont pas aussi redoutables qu'on pourrait le supposer. « Pendant les vingt-deux années que j'ai » passées à l'Hôtel-Dieu, dit-il, je me livrais souvent, ainsi que » mes fils et plusieurs autres employés ou enfants de la maison » au plaisir de la pêche dans le petit bras de l'Hôtel-Dieu, si » poissonneux avant les travaux de canalisation. Entraînés par » la passion du pêcheur, nous endurions patiemment les éma- » nations des matières des vidanges qui, à cette époque, se » rendaient immédiatement dans la rivière et se desséchaient » sur les dalles des cagnards. Les déjections des malades

» atteints de fièvre typhoïde n'y manquaient point. Ma mémoire
» ne me fournit le souvenir d'aucun cas de fièvre typhoïde chez
» les visiteurs de ces lieux, que la théorie indique comme in-
» fectés au premier chef. »

Nous ajouterons que Versailles, qui a toujours été remarquablement épargné dans toutes les épidémies cholériques, a ses grandes eaux alimentées par une eau de Seine extrêmement impure, puisée au barrage de Marly. Et, enfin, pour terminer, nous mentionnerons qu'à Edimbourg, où les eaux sont extrêmement fangeuses, une caserne de cavalerie est située au milieu des terrains irrigués, et qu'on n'y a jamais constaté de maladies épidémiques.

Nous sommes donc en droit de conclure que les matières fécales, à l'état frais, ne dégagent aucune émanation insalubre; mais, en est-il de même quand ces matières ont fermenté? Nous allons examiner ce qui se passe.

§ IV.

Si les matières excrémentitielles, encore à l'état frais, fournissent des émanations tout à fait inoffensives, le fait *ne paraît* plus le même quand, enfermées dans une fosse et à une température à peu près constante, elles y fermentent incessamment, et incessamment aussi dégagent des émanations. Erismann (2), sous la direction de Pettenkofer, entreprit des recherches, et il fut calculé qu'une fosse contenant 18 mètres cubes de vidanges émettait, par 24 heures, 20 k. 6 de gaz qui, à la température ordinaire, formaient près de 19 mètres cubes. Se figure-t-on bien cette prodigieuse quantité de gaz, venant d'une seule fosse, infecter nos demeures, puis s'épandre dans l'atmosphère urbaine par des fusées de gaz oscillant avec la température et la pression atmosphérique, ou encore dont la force expansive est subordonnée à l'activité de production? Des hygiénistes prétendent conjurer cet envahissement de nos habitations à l'aide de cheminées d'appel qui ne comburent point, pour le détruire, le gaz à sa sortie; mais, à cause de leurs poids spécifiques et en vertu surtout de la loi de diffusion, ces gaz retombent dans notre milieu respiratoire, et c'est peut-être là l'explication de l'absence d'ozone dans l'atmosphère urbaine des villes qui ont conservé le système des fosses fixes.

(1) Bulletin Académie de Médecine, 1877, p. 304.
(2) V. Zaitschrif für Biologie Bd XI.

En dehors des éruptions gazeuses, les fosses d'aisance ont un autre danger caché, mais plus funeste peut-être que les gaz. Parmi tant de fosses disséminées dans une ville, combien en est-il qui soient réellement étanches; et quand une fuite est soupçonnée, combien de propriétaires la signalent ou la font réparer? Et si l'on se représente que chaque fosse touche le sol par cinq côtés, on conjecture que les fissures doivent être nombreuses, et alors des liquides chargés de matières organiques s'infiltrent d'autant plus facilement dans le sol qu'ils sont soumis à une certaine pression; et c'est dans ces circonstances qu'intervient, comme facteur véritable, l'oscillation de la nappe souterraine qui, par ses variations de niveau, change les conditions d'aération et d'humidité des couches superficielles du sol, et telle est l'origine de quelques endémies urbaines, dues à l'infection par l'air du sol (Grundluft) ou par l'eau souterraine (Grundwasser). L'empoisonnement peut donc se faire ou par la muqueuse pulmonaire ou par la muqueuse digestive. Voici comment cette infection se produit : quand des matières putrescibles ont pénétré dans le sol, les produits de leur fermentation peuvent suivre une double voie : la nappe d'eau souterraine en s'abaissant les entraîne et ils arrivent dans l'eau de puits; ou bien la pression barométrique baisse et alors les gaz s'échappent dans l'atmosphère.

Ici encore le Conseil central d'hygiène n'a point hésité à passer la frontière et à chercher en Allemagne l'appui d'un nom faisant autorité, et il s'est arrêté à Griesinger dont il évoque les épidémies de maison. Il y a ici une inexactitude : Griesinger *ne parle pas des épidémies, mais des maladies de la maison* (Hauskrankheit), et puis il ne fait pas l'éloge des *moyens ordinaires, fosses fixes.* » Nous lisons (1) p. 184 : » On
» peut se demander si la cause de la maladie n'est pas *surtout*
» (surtout est souligné dans le texte) le résultat d'une inhala-
» tion prolongée des émanations fécales, non-seulement des
» évacuations typhiques, mais encore des gaz ordinaires des fosses
» d'aisance. » Puis, page 189 : « Très-souvent la maladie
» (fièvre typhoïde) n'atteint qu'une caserne ou seulement une
» seule aile de la caserne, ou certaines habitations exposées
» aux émanations des fosses d'aisance. » Puis encore, p. 193 :
« Le système actuel, aussi grossier et malpropre que ruineux,
» de conserver longtemps les excréments dans les maisons et
» de laisser le sol s'en imprégner doit être complètement mis
» de côté : une civilisation progressive doit éloigner chaque

(1) Griesinger, — Maladies infectieuses. Paris, 1868.

» jour les excréments des villes, les transporter dans la cam-
» pagne et les utiliser dans un but agricole. » Et Griesinger formule :

Que la fièvre typhoïde, dans une série de cas déterminés, dépend 1° de l'action d'émanations putrides qui proviennent des fosses d'aisance ; 2° que l'infection putride peut se faire par l'eau de boisson.

Le Conseil central d'hygiène s'étaye encore de Jaccoud, c'est vouloir bénéficier d'une équivoque, et le 13 mars dernier, en pleine Académie de Médecine, le professeur Jaccoud rappelait que de 1865 à 1875, il avait réuni 106 cas qui apportaient avec eux une irréfragable démonstration de l'étiologie fécale de la fièvre typhoïde, dont 15 étaient dus à l'action directe des émanations fécales; 74 à la souillure préalable de l'eau de boisson et 17 dans lesquels le lait coupé avec de l'eau altérée par des déjections avait servi d'agent morbigène, et ici nous citons textuellement : « Autant ces faits sont positifs et
» indéniables, autant il est évident qu'ils ne peuvent être
» *appliqués sans violence et sans hypothèse* à des systèmes de
» canalisation réguliers, maintenus en permanence en pleine
» activité.... J'ai beau retourner, j'ai beau torturer les faits,
» je ne trouve dans aucun d'eux aucune particularité qui soit
» applicable au système d'égouts de la ville de Paris ou au
» projet actuellement à l'étude touchant l'assainissement de la
» Seine (irrigation par les eaux d'égout de la plaine de Gen-
» nevilliers). (2) »

Ainsi donc, les émanations à l'état même d'irrigation, c'est-à-dire avec évaporation, n'apportent aucun préjudice, tant qu'elles sont à *l'état frais*, de même encore, bien qu'ayant déjà fermenté si la dose est faible, le danger ne paraît point; aussi, pourquoi ne pas le dire, plus d'un Lillois dont la maison d'habitation possède un jardin, emploie annuellement ces engrais .... autochthones. A plus forte raison les eaux d'égout, noyées dans d'immenses quantités d'eau, et ne pouvant, dès lors, dégager aucune odeur, restent absolument sans danger. Il y a plus, cette translation est utile, puisqu'elle évite pour la ville le maintien de ces fosses, véritables foyers de pestilence, qu'une hygiène bien comprise a partout et irrévocablement condamnées.

Voilà donc acquis au débat ce double point: 1° les eaux d'égout ne sont dangereuses que lorsqu'elles entrent dans la consommation domestique à titre d'eau potable; 2° les fosses

(2) Bulletin Académie de Médecine, 1877, p. 342 et suivantes.

d'aisance sont constamment insalubres et deviennent funestes par les émanations qu'elles dégagent et par l'empoisonnement du sol.

Nos voisins d'outre-Manche ont depuis longtemps accordé une grande importance à cette question d'hygiène ; et à Londres, une Commission nommée en 1875 par « the President of the Local Government Board », visita les principales villes d'Angleterre et du continent pour y étudier les divers systèmes de vidange ; elle en revint condamnant de la façon la plus absolue (utterly condemned) le système des fosses fixes. Antérieurement, le docteur Buchanan avait recherché les différences de mortalité dans 25 villes qui s'étaient dotées d'un système d'égout et avaient supprimé les fosses d'aisance. Dans 19 de ces 25 villes, depuis la suppression des fosses, le chiffre de la mortalité avait baissé et la moyenne de cet abaissement donnait le chiffre très-sensible de 10.5 p. 100 de moins quant aux décès.

§ V.

Ces quelques considérations montrent qu'au lieu de proscrire le système diviseur, il serait désirable de le voir se généraliser. Nous n'avons point à nous préoccuper ici de l'utilisation agricole ; avant tout, une ville doit chercher à se désinfecter, et nous pouvons tenir pour assuré que les systèmes adoptés pour les grandes villes, ont été préalablement très-étudiés, par cela seul qu'ils engagent toujours fortement la question financière.

En Angleterre, où la culture est surtout intensive, on a calculé le nombre de livres sterlings qu'on pourrait retirer des égouts d'une ville ; et, en général, les tuyaux des latrines débouchent directement dans l'égout, lui livrant ainsi liquides et solides. Les rivières ne reçoivent plus guère dans leur parcours les bouches d'égouts, et même, pour ne pas trop diluer le précieux guano, des canaux spéciaux sont réservés aux eaux de pluies ; de là cette phrase si usitée : « The rain to the river, » the sewage to the soil. »

La dernière expression de l'hygiène urbaine consiste :

1° En l'apport abondant d'une eau de bonne qualité. — A Lille, l'eau d'Emmerin remplit cette condition ; et l'eau des puits ne peut que gagner à la suppression des fosses.

2° En l'enlèvement rapide des matières excrémentitielles : En écartant ici la question de l'utilisation agricole de ce guano indigène, le système diviseur, qui retient les matières solides et évite les produits qui, légers, surnagent, ou lourds, envasent les égouts, est, dans les conditions actuelles, la meilleure des solutions, comme le maintien des fosses fixes en est la plus détestable.

En France, le système diviseur paraît devoir se répandre davantage, en effet, ces liquides chargés de matières organiques s'oxydent avec une assez grande rapidité et les éléments reviennent à l'état minéral, et ici intervient l'action nécessaire et toujours constance de ces infusoires (microphytes et microzoaires), lesquels se nourrissant de matières organiques, les éliminent bientôt par une véritable combustion, mais ils n'ont rien de morbigène et ils disparaissent quand l'œuvre de destruction, c'est-à-dire de simplification, est accomplie. Ainsi, la Seine est tellement sursaturée de matières qu'en étiage elle en reçoit le quinzième de son volume, soit 3 mètres cubes à la seconde, au niveau du pont de Clichy-la-Garenne, là où le débit de la Seine est seulement de 45 mètres. soit de 1 sur 15. Malgré ces énormes quantités de matières organiques, la destruction en est si rapide, tant les procédés de la nature sont activement efficaces, qu'aux environs de Mantes les eaux de la Seine ont déjà récupéré les qualités qu'elles possédaient en amont de Corbeil (1).

Faut-il, après ces chiffres, parler de la quantité de liquide provenant des déjections de l'hôpital Sainte-Eugénie et qui serait versée dans le canal des Stations?

L'hôpital au complet, y compris le personnel, c'est-à-dire tous les lits occupés — ce qui n'a jamais lieu, — compterait 515 lits. A 1 litre 1/2 par personne, la déjection quotidienne donne (2) 772 litres qui, à l'hôpital même, seront mêlés à une centaine de mètres cubes d'eau, mais que nous négligeons.

Le débit du canal des Stations est, par 24 heures, de 25,920,000 litres, soit donc une proportion de 25,920,000 litres à diviser par 772, soit un litre mélangé à 33,575 litres d'eau.

Une dernière allégation dont il est peut-être bon de faire justice, c'est que les bords de la Seine auraient perdu leur ancienne salubrité, et que depuis, dans la presqu'île de Gennevilliers, quelques cas de fièvre paludéenne auraient été signalés, nous-mêmes dans la statistique mentionnée plus haut, nous avons relevé deux cas de mort par fièvre intermittente.

L'explication en est facile: à Bezons, les nécessités de la

(1) Compte-rendu Acad. sciences 1874, et assainissement de la Seine, t. II.

(2) V. Séance de la Commission des Hospices du 8 juillet 1876.

navigation ont fait exhausser le barrage et conséquemment le niveau de l'eau. De là la formation de flaques d'eau, véritables petits marécages ; mais ce sont des faits d'un ordre différent qui se produiraient avec de l'eau pure et pour lequel on ne saurait évoquer la contamination des matières excrémentitielles.

En présence des faits ci-dessus relatés, la Commission des Hospices demeure convaincue que les conclusions du Conseil central d'hygiène et de salubrité du département du Nord seront repoussées, et elle demande au Maire de vouloir bien rapporter son arrêté du 22 mai 1876, et d'autoriser avec le système diviseur l'ouverture de l'hôpital Sainte-Eugénie dans les conditions de la lettre du 12 octobre 1869. Si, ce qui paraît absolument impossible, l'expérience révélait des inconvénients, l'Administration municipale n'aurait qu'à prescrire l'établissement de fosses. Comme ces fosses, conformément aux indications du Conseil central d'hygiène, seraient au dehors, le fonctionnement de l'hôpital n'en serait en rien troublé ; éventuellement même, les plans et devis pourraient être arrêtés et même approuvés, l'exécution en serait donc rapide. Mais, en présence d'un système qui concilie si bien toutes les exigences de l'hygiène, la Commission des Hospices n'en attend que le fonctionnement pour voir tomber toutes les oppositions. Le fond du débat ne repose pas sur la quantité d'eau dans laquelle seront noyés les liquides. Nous avons vu plus haut qu'à Paris 1 litre d'eau d'égout se trouve mélangé à 15 litres d'eau de Seine, et qu'à Mantes, l'eau de Seine a déjà, quant à l'oxigénation, retrouvé ses qualités. A Lille, 1 litre dans les conditions d'un hôpital rempli, tous les lits étant occupés, — 1 litre se trouverait mêlé dans le canal des Stations seulement à 33,575 litres, c'est-à-dire, toutes proportions gardées, à 2,238 fois plus d'eau que dans la Seine. Cette proportion d'eau est si considérable qu'elle avait frappé le Conseil central d'hygiène, « *car, dit-il, y eût-il cinq et dix fois plus d'eau dans nos* » *canaux que le danger n'en persisterait pas moins.... il s'agit* » *avant tout de germes de contagion morbide, et ces germes et* » *ce contagium échappent aux dilutions annoncées.* »

Une pareille thèse scientifique ne peut donc être admise, nous l'avons démontré. Il y a des agents spécifiques qui naissent, pour ainsi dire, à volonté, tant les conditions en sont connues ; mais il n'y a pas de germes morbides, et heureusement, car les organismes inférieurs ont la vie tenace, et la fermentation, qui ramène tous les éléments organiques à l'état minéral, supprime les éléments de destructivité que des germes morbides accroîtraient indéfiniment et laisseraient aussi indéfiniment persister. Aussi, la théorie des prétendus germes morbides n'a pu fournir aucune preuve, et depuis longtemps elle est reléguée dans le domaine de la fantaisie médicale, bien plus, les expérimentations de laboratoire, que nous avons relatées plus haut, en ont absolument fait justice.

Eh bien ! c'est cependant sur la donnée anti-scientifique des microzoaires et des microphytes morbigènes que l'Autorité administrative se refuserait à laisser ouvrir un hôpital qui satisfait à toutes les exigences de la science médicale, hôpital qui donne l'espérance, parfaitement justifiée, de voir la classe nécessiteuse à l'abri de ces influences morbides qui prolongent la maladie et augmentent la mortalité !

Nous ne voulons pas croire qu'il faudra renoncer au système diviseur, cette dernière expression de la science, pour construire des fosses que partout l'hygiène repousse et condamne ; et nous attendons avec confiance la solution de cette importante question.

SÉANCE DU 2 JUILLET 1877

Présidée par M. WELCHE, Préfet du Nord.

Sont présents : MM. CAZENEUVE, DELEZENNE, HALLEZ, JOIRE, KUHLMANN, MEUREIN, MASQUELEZ, POLLET, PILAT.

RAPPORT
EN RÉPONSE AU MÉMOIRE DE L'ADMINISTRATION DES HOSPICES DE LILLE
En date du 11 avril 1877,

Par une Commission spéciale composée de : MM. MEUREIN, PILAT, MASQUELEZ, JOIRE, et HALLEZ, *rapporteur*.

MESSIEURS,

Dans la dernière séance de mai, le Conseil central d'hygiène et de salubrité du Nord a reçu communication d'un Mémoire de l'Administration des Hospices de Lille, en réponse au Rapport que vous avez adressé à M. le Préfet du Nord, le 23 octobre 1876, et dans lequel vous vous éleviez contre le système de vidanges adopté pour l'hôpital Sainte-Eugénie. Vous avez renvoyé ce Mémoire à l'examen de la Commission précédemment nommée, qui a bien voulu me confier, pour la seconde fois, l'honneur d'être son interprète auprès de vous.

Le Mémoire de l'Administration des Hospices comprend deux parties bien distinctes : la première, sous forme de lettre d'envoi à M. le Maire de Lille, est l'exposé de quelques propositions pratiques que nous discuterons en finissant ; la seconde, de beaucoup la plus importante, est une dissertation scientifique concernant l'existence ou la non-existence des germes contagieux, le mode d'introduction dans l'organisme des principes morbigènes, les inconvénients et les dangers des fosses fixes pour la santé publique, enfin, comme conclusion, la parfaite innocuité et l'excellence du système diviseur. C'est par là que nous commencerons.

Nous aurons à étudier séparément chacun des paragraphes de cette dissertation ; nous ne pouvons, vous le pensez bien, élever ici la discussion à la hauteur d'un tournoi Académique ; ce serait entreprendre une tâche au-dessus de nos forces, et notre œuvre, ainsi comprise, serait œuvre inutile, car elle ne serait que l'écho, bien affaibli, de la brillante discussion dont retentit, depuis six mois, la tribune de l'Académie de Médecine. Nous resterons sur le terrain pratique, et surtout sur le terrain local dont s'est, pensons-nous, un peu écarté notre honorable contradicteur. C'est à l'application à Lille, des règles élémentaires de l'hygiène publique, que nous le ramènerons ; car, si l'on peut rendre hommage aux esprits distingués qui vont en avant, et qui, cherchant à secouer les vieilles pratiques de l'hygiène des villes, sont peut-être des précurseurs, on se hâte bien vite de revenir à ces antiques coutumes, lorsque l'on s'aperçoit que, soit par les conditions orographiques, soit par le défaut d'argent, ce *deus ex machinâ*, il est impossible de faire mieux.

Vous voudrez bien observer, Messieurs, que ce qui va suivre est une réponse ; nous devrons donc prendre, une à une, chacune des assertions du Rapporteur scientifique de l'Administration, et voir ce que ces assertions ont de fondé. Nous réduirons cet examen autant que possible, car nous n'avons qu'un but : être clair, et surtout être utile. Nous éviterons les redites, mais nous prévoyons bien que nous y serons forcé, chemin faisant, et c'est précisément par une redite que nous commençons.

Nous sommes en effet obligés de rappeler notre visite aux tinettes de Sainte-Eugénie, de dire que nous sommes descendus dans les chambres où sont contenus les appareils diviseurs, d'affirmer que la mauvaise odeur y était suffocante, que la rigole à découvert qui mène les prétendus liquides à l'égout était remplie de fragments de matières fécales, bien solides et bien reconnaissables, et que l'appareil, dit diviseur, dilue et ne sépare pas, et cela alors qu'il s'agissait (l'hôpital n'étant pas à cette date ouvert aux malades) de matières venant d'individus bien portants ; qu'eussions-nous constaté s'il s'était agi d'individus malades de maladies à diarrhée, celles dont nous redoutons précisément le transport dans la ville ?

Ce qui nous force à redire ces constatations, c'est précisément l'affirmation contraire par laquelle l'auteur du Mémoire commence la discussion : « Par la rétention des solides, dit-il, disparaît l'aspect nauséabond des matières fécales qui surnagent en suivant le cours de l'eau ; de plus, l'envasement est évité... les liquides seuls s'échappent. » Mais, ajoutons-nous avec M. Guéneau de Mussy, ce liquide n'est *qu'un macéré de matières fécales* (1), qui emporte au dehors tous les dangers des matières non modifiées ; qui emporte, pouvons-nous dire encore, les matières en totalité : que l'Administration, pour s'en assurer, veuille bien demander aux employés de Sainte-Eugénie combien

(1) Guéneau de Mussy. Bulletin de l'Académie de Médecine, p. 332.

de fois ont été vidées les tinettes qui fonctionnent dans leur quartier depuis bientôt un an? Pas une seule fois, nous disait-on récemment. Il y a loin de là aux prévisions des hygiénistes parisiens, qui ont établi que les tinettes à filtres devraient être emportées et renouvelées tous les quinze jours, aussi facilement qu'on transporte des fûts dans une cave (1).

Tel sera notre point de départ. Nous allons maintenant suivre le rapporteur de l'Administration des Hospices dans chacune des parties de son travail.

I. — Le paragraphe premier n'a que la valeur d'une controverse purement scientifique, car nous voulons bien admettre qu'en niant l'existence d'infiniment petits organisés constituant le contagium morbide, l'auteur n'a pas voulu aller jusqu'à nier l'existence de ce contagium. Il l'admet évidemment, puisqu'il nous montrera tout-à-l'heure qu'il est absorbé par la muqueuse digestive. Or, comment concevoir cet élément dangereux si l'esprit ne lui donne une forme matérielle? Gaz, liquide ou particules solides, peu importe, il est; nommez-le germe dans le sens figuré, nommez-le miasme, nommez-le microzoaire ou microphyte, peu importe, puisqu'il est, et c'est de son existence, non de sa nature, qu'ont à se préoccuper ceux qui ont charge de la salubrité publique.

Certes, nous n'avons point prétendu que ce germe contagieux ait, dès maintenant, son nom ou sa place dans les cadres zoologiques ou botaniques; nous n'avons pas dit qu'on l'ait vu et décrit, du moins en ce qui concerne le *contagient* de la fièvre typhoïde et du choléra. Mais nous disons, puisqu'on nous y invite, qu'il révèle son existence par ses actes, en attendant qu'il l'affirme peut-être un jour par la mise en évidence de sa structure et de ses propriétés intimes.

Négligeant pour le moment la question de la naissance de

(1) Vallin. Les égouts de Londres et de Paris. Gaz. hebdomadaire, 1877. p. 115.

ces poisons typhiques ou cholériques, en dehors de l'homme ou dans l'homme, ne les voyons-nous pas, une fois créés, se comporter comme se comportent les infiniment petits vivants? Poisons spécifiques, ils développent, quand ils tombent sur un terrain favorable, une maladie spécifique, correspondante à leur espèce, à leur nature : le. virus variolique produit la variole, le ferment putride, des affections putrides et toujours putrides (Bouillaud). Ils subissent l'influence des conditions de milieu, et en dehors de l'organisme humain, se comportent exactement comme se comportent les germes des infusoires ou des végétaux inférieurs ; le froid intense, la sécheresse, semblent suspendre leur vie, et leur vie se réveille quand vient l'humidité et la chaleur. On s'explique ainsi très-bien, dit M. Fonssagrives, (1) « Qu'il puisse y avoir, pour les graines morbides, une faculté de réviviscence très-opiniâtre, et qui dispense de recourir, pour expliquer le développement d'une épidémie contagieuse dans une ville, à l'hypothèse hasardeuse d'une ovulation spontanée. »

Telle est, en quelques mots, l'exposé de cette *fantaisie étiologique*, pour nous servir de l'expression de notre contradicteur, qui peut séduire, dit-il, quelques esprits distingués, mais qui ne saurait s'accréditer. Permettez-moi, Messieurs, d'appeler à mon aide quelques-uns de ces esprits distingués dont parle le rapporteur.

Je ne prendrai que le témoignage de contemporains dont l'autorité est incontestable.

Dans la séance de l'Académie de médecine du 9 janvier 1877, le grand maître de la clinique française, celui qui personnifie le mieux parmi nous l'esprit d'observation et de découvertes positives, M. Bouillaud, s'est ainsi exprimé : « En considérant en soi le mode de production ou de génération, la cause prochaine des contagions auxquelles on donne le nom de *virulente* et de *miasmatique*, il est impossible à notre esprit de

---

(1) Fonssagrives. Hygiène et assainissement des villes, page 459.

n'être pas frappé de leurs ressemblances avec ces opérations naturelles connues sous le nom de *fermentations* proprement dites, parmi lesquelles la fermentation putride tient une place si importante. Et comme certaines contagions par excellence ont pour cause prochaine ou pour contagient un être organisé parasitaire, ne serait-il pas permis de supposer que d'autres êtres organisés d'une espèce donnée sont aussi les agents des autres contagions? Ce serait un trait de ressemblance de plus, entre les agents contagieux et les ferments proprement dits, entre autres ceux de la fermentation putride, lesquels en effet, selon M. Pasteur, sont de véritables êtres organisés (1). »

M. Guéneau de Mussy (2) : « Quelle que soit l'opinion que l'on adopte sur la nature et les propriétés intimes du germe de la fièvre typhoïde, on ne peut mettre en doute son existence ; il s'affirme par ses effets, il présente même le caractère essentiel, fondamental, d'un agent vivant, il paraît engendrer, se multiplier dans l'organisme ; s'il en est ainsi, il vit. »

M Fonssagrives (3) nous montre l'atmosphère urbaine chargée de poussières organiques, sur le passage desquelles il n'est guère bon de se trouver, car elles constituent la source des maladies contagieuses que l'auteur tend à assimiler aux maladies parasitaires.

M. Villemin (4) est plus explicite encore : « Le rapprochement que l'on a établi entre les virus et les parasites n'a rien que de très-fondé. Sans doute il restera à l'état d'hypothèse tant que nous ne serons pas parvenus à reculer assez loin le champ de notre vision, de manière à constater les parasites virulents, s'ils existent ; mais nos opérations intellectuelles sont toutes plus ou moins fondées sur les analogies et les différences que les choses inconnues offrent avec celles qui nous sont connues. »

(1) Bulletin de l'Académie de Médecine, p. 25.
(2) Gueneau de Mussy. Bulletin de l'Acad. de Méd.
(3) Fonssagrives. Loc. cit., p. 386, 390 et *passim*.
(4) Villemin. Études sur la tuberculose.

Nous pourrions continuer nos citations, mais nous nous sommes promis de ne pas étendre la discussion en dehors du strict nécessaire. Nous en avons dit assez, pensons-nous, pour montrer que la doctrine des contages organisés ne peut encore être rejetée comme ayant fait son temps et qu'elle compte des partisans illustres sous l'autorité desquels nous pouvons sans crainte nous abriter.

Sans doute, il faut faire de sérieuses réserves; sans doute cette doctrine est, à l'heure actuelle, une hypothèse, mais une hypothèse basée sur l'observation rigoureuse des faits et la constatation d'analogies indéniables.

Ces constatations ont au moins la valeur du fait expérimental qui nous est fourni par le rapporteur de l'Administration comme seule preuve de la non-existence des germes morbides. Si l'oxygène sous pression tue les myriades d'organismes vivants, bactéridies et autres, contenues dans le sang charbonneux sans tuer la virulence, cela prouve simplement que l'agent virulent n'est pas la bactéridie, qu'il est autre, en suspension dans le liquide, et que la pression de l'oxygène ne l'a pas atteint. Avec Villemin nous vous disons : si vous ne le voyez pas, c'est que vous ne disposez pas encore d'instruments suffisants. Qui vous dit que l'avenir n'en réserve pas la découverte à de plus heureux ou à de plus patients?

Le peu que nous savons de la composition et de l'action intime des virus nous autorise à cette attente. Chauveau n'a-t-il pas montré, par des procédés expérimentaux d'une précision parfaite, que le virus variolique, que le virus vaccin ne sont virus que par les granulations moléculaires et les leucocytes qu'ils tiennent en suspension, et que la partie liquide filtrée est dépourvue de toute propriété contagieuse?

De tout ceci il résulte que l'état actuel de la science permet encore de croire à l'existence de germes organisés comme agents actifs de transmission des maladies contagieuses.

Mais peu importe au fond et dans la pratique cette controverse scientifique. L'agent contagieux existe quel que soit son nom, il existe en nous et en dehors de nous ; le rôle de l'hygiéniste consiste à le détruire, à en arrêter le développement en dehors de l'homme, et surtout à l'empêcher d'entrer dans l'homme. Pour cela, il y a deux questions à résoudre : étant donné un typhoïdique ou un cholérique, déterminer quelle voie suit le poison pour sortir de l'organisme malade ; et, deuxièmement, quelle voie il suit encore pour pénétrer dans l'organisme sain. Nous allons démontrer, contradictoirement en quelques points avec le rapporteur de l'Administration, que ce poison, ce miasme, ce liquide septique, ces granulations moléculaires ou cet être organisé, comme on voudra le concevoir, est dans les selles de l'homme atteint de fièvre typhoïde ou de choléra, qu'il conserve son activité au milieu de ces matières sorties de l'organisme malade, et qu'il pénètre dans l'organisme sain par la double voie de l'appareil digestif et de l'appareil respiratoire, par l'eau et par l'air.

II. — Les contagients de la fièvre typhoïde sont au moins en partie éliminés de l'organisme malade par les matières fécales.

Au moins en partie, venons-nous de dire. Il se peut, en effet, que les voies d'élimination soient multiples, et quoiqu'on en soit encore sur ce côté de la question aux conjectures, il est permis de se demander avec M. Bouchardat (1) si le miasme ne peut être entraîné avec la vapeur d'eau et l'acide carbonique incessamment rejetés dans l'acte de la respiration, s'il ne peut être contenu dans les résidus épidermoïdaux qui se détachent du corps du malade. Il y a là un point de vue étiologique qu'il serait très-intéressant d'élucider, mais nous ne nous permettons pas de nous éloigner de la question.

Ce miasme suit bien plus sûrement la voie intestinale, et l'on

---

(1) Bouchardat. Bull. acad. méd., p. 304.

est en droit de le supposer *a priori*, quand on considère les désordres intestinaux, les lésions caractéristiques du choléra et de la fièvre typhoïde.

L'observation des épidémies locales est venue démontrer *à posteriori* cette donnée préconçue, et si le savant peut encore faire quelques réserves, car l'expérimentation manque et manquera probablement toujours (1), — l'homme ne pouvant être pris comme sujet d'expériences semblables, — les faits sont déjà assez nombreux, assez précis, et émanant de sources suffisamment autorisées, pour que l'hygiéniste veille et base sur eux des déductions légitimes.

Cette origine fécale de la fièvre typhoïde est comprise différemment suivant les auteurs : les uns admettent, avec Murchison, que toute matière fécale, quelle que soit son origine, est susceptible de produire la fièvre typhoïde, soit par son passage dans l'eau des boissons, soit en mêlant ses principes aux exhalaisons fétides des égouts ; les autres, croyant à la spécificité absolue du poison, jugent nécessaire que les selles d'origine soient des selles de typhoïdique. On conçoit que la première théorie fournirait un appoint de plus à la thèse que nous soutenons, mais la seconde nous suffit amplement et nous nous en contenterons.

« L'origine fécale de la fièvre typhoïde, dit le professeur Jaccoud (2), est au nombre des vérités étiologiques les mieux établies. »

Fonssagrives (3) : « Des faits nombreux ne permettent pas de

---

(1) On ne saurait en effet considérer comme très-probantes les expériences faites par M. Jules Guérin, et communiquées par lui à l'Académie dans la séance du 24 avril 1877, par lesquelles cet esprit ingénieux croit démontrer la présence du poison spécifique dans les matières de l'intestin grêle. Si celles-ci ont tué des lapins plus sûrement que les matières du gros intestin ou de l'estomac, il ne s'en suit nullement que ces pauvres bêtes soient mortes de la fièvre typhoïde.

(2) Bull. acad. méd., p. 309.

(3) *Op. cit.*, p. 476.

douter que le principe de contagiosité de la fièvre typhoïde ne réside surtout dans les selles. »

Ailleurs (1), le même auteur s'exprime ainsi : « Le choléra est également transmissible, et il offre avec la fièvre typhoïde cet autre rapprochement que les évacuations sont bien vraisemblablement le véhicule du contage. Les recherches très-intéressantes de Meyer, de Lindsay, de Tiersch, sur ce sujet, sont assez concluantes pour indiquer la nécessité de détruire les matières des évacuations dans le choléra comme dans la fièvre typhoïde. »

La même opinion est affirmée par M. Gueneau de Mussy, et elle a son origine dans les travaux de l'École anglaise à la tête de laquelle est William Budd.

C'est elle encore que résume M. Jaccoud dans les propositions suivantes : « Les matières fécales ne deviennent typhogéniques qu'autant qu'elles renferment le poison typhogène. Le plus ordinairement, la présence du poison résulte de l'introduction de déjections typhoïdes dans la masse excrémentitielle, auquel cas les matières fécales sont un simple agent de transmission ou de propagation de la maladie. Dans d'autres circonstances (qui, d'après mes faits, sont aux précédentes comme 2 est à 3), le poison typhoïde prend naissance ou est apporté dans la masse excrémentitielle sans introduction préalable de déjections spécifiques, et, dans ce cas, les matières fécales, ainsi modifiées, sont pour la maladie un agent de génération. »

Telle est la doctrine. On n'en saurait demander un exposé plus concis et plus complet que celui que vient de nous fournir l'éloquent Académicien. Vous me permettrez, Messieurs, de ne pas vous citer les faits sur lesquels elle est étayée ; ils sont longuement exposés et comptés par M. Jaccoud, et leur reproduction me paraît inutile.

Donc nous avançons. Il existe un poison typhique, et ce poison est le plus ordinairement dans les matières fécales, soit

---

(1) Page 462.

que ces matières viennent d'un premier malade, auquel cas elles servent d'agent de transmission, soit qu'elles prennent d'elles-même les propriétés typhogéniques, auquel cas elles sont agent de génération.

Comment, maintenant, partant de ces excréments, le poison pénètre-t-il dans l'organisme? C'est ce que nous allons rechercher.

III. — *Le poison typhique pénétre dans l'organisme sain, par l'eau des boissons.*

Ici, nous sommes heureux de nous trouver en parfait accord avec notre distingué contradicteur. Nous sommes seulement moins absolu que lui, et nous pensons qu'il existe une autre voie de pénétration, l'air chargé de miasmes. Notre opinion est éclectique, et nous admettons sans réserve la formule suivante, que nous empruntons au savant professeur d'Hygiène de la Faculté de médecine de Lille, M. le docteur Arnould(1) : « Dans les retours étiologiques sur les conditions dans lesquelles une épidémie de typhus ou de fièvre typhoïde s'est déclarée, il est toujours fort difficile de trouver l'air ou l'eau l'un sans l'autre, surtout l'eau sans l'air ; si l'on me dit en effet que des fumiers, des matières stercorales, des infiltrations cadavériques, ont empoisonné les eaux de consommation, rien ne me sera plus facile que de faire remarquer combien sûrement ces fumiers à l'air libre, ces latrines mal établies et mal vidangées, ces cadavres décomposés sur une terre meuble, ont dû envoyer leurs émanations dans l'atmosphère. » Séparons un moment ces deux facteurs, et voyons avant tout le transport par l'eau de boisson.

J'ai dit à cet égard, que nous étions en parfait accord avec l'Administration des Hospices ; nous acceptons les faits intéressants relatés par son rapporteur, et nous sommes prêts à en

---

(1) Arnould. L'eau de boisson considérée comme véhicule des miasmes et des virus, p. 11.

ajouter d'autres. En voici quelques-uns où il est plus spécialement question d'eaux contaminées par des matières fécales. (1)

En 1857, un médecin anglais, Routh, rapporte qu'à la suite de la contamination d'un réservoir d'eau potable par les selles d'un typhique, huit personnes d'une même maison furent prises de typhus, malgré la bonne aération de la maison et bien qu'une partie seulement de cette famille eût des rapports avec le malade.

Murchison raconte que, sur 34 maisons dont se compose Richmond-Terrasse, à Clifton, 13 furent frappées presque en même temps, quoiqu'éparses; elles s'abreuvaient à un puits que des infiltrations stercorales infectaient depuis peu.

A Leeds, 68 maisons eurent 107 cas de fièvre typhoïde et 11 décès; 51 de ces maisons s'approvisionnaient chez un laitier peu scrupuleux et peu soigneux, qui avait eu deux mois auparavant la fièvre typhoïde, et dont les déjections étaient jetées partie dans les latrines, partie dans un trou à fumier voisin du puits où il puisait l'eau délictueuse.

Ces faits et tant d'autres suffisent pour fixer l'opinion, d'autant plus que l'Administration des Hospices accepte comme nous ces données. Mais, nous avons le regret de le dire, ses conclusions diffèrent des nôtres : « A Lille, dit-elle, rien de semblable n'est à appréhender, et avant même que l'eau filtrée des vidanges de Sainte-Eugénie apparaisse, nul ne songe à se désaltérer avec l'eau du canal des Stations et de la Basse-Deûle, et l'ingestion d'une telle eau est écartée. » — Qu'en savez-vous? Certainement, l'eau de nos canaux ne sert pas directement à l'alimentation dans Lille, mais exceptionnellement ne peut-elle entrer dans la consommation ménagère? Et au-delà de la ville, quand l'envasement a épuré en apparence les eaux de la Deûle, ne savons-nous pas que les riverains y

---

(1) La plupart de ces faits sont empruntés à un important travail sur l'*Étiotogie de la fièvre typhoïde*, publié par M. le Docteur Arnould, dans la *Gazette médicale*. en 1876.

puisent journellement pour leurs usages domestiques? Même à ce point de vue, il y a danger, car, n'oublions pas que nous ignorons absolument les limites du pouvoir diluant de l'eau, et que l'on a retrouvé dans l'eau de la Seine, à Mantes, l'urée, les débris organiques et les proto-organismes des égouts de Paris.

Mais là n'est pas, du reste, le vrai danger. Le rapport redoute les infiltrations des liquides dangereux dans le sol, lorsqu'il s'agit de fosses d'aisance ; pourquoi ne pas les redouter lorsqu'il s'agit de canaux et d'égouts? Les égouts de nos rues, en effet, sont pour la plupart à pente très-faible (1) ; sauf le cas de grandes pluies, aucune eau ne vient pousser en avant les matières qu'ils contiennent ; celles-ci séjournent, et comme ces égouts ne sont pas pourvus d'enduit intérieur en ciment comme à Paris, les infiltrations sont possibles, et même faciles. Dès-lors, l'arrivée des matières dangereuses dans les couches aquifères peut très-bien reproduire ce phénomène d'infection que vous admettez. Je sais bien que les fosses fixes sont susceptibles du même reproche ; mais leur construction peut être toujours surveillée, il est facile de les rendre étanches, et, dans tous les cas, si elles contiennent des contagients, elles ont l'avantage de les retenir ou de ne les répandre autour d'elles que dans un court rayon ; le déversement à l'égout des matières dangereuses ne ferait qu'étendre ces craintes d'infiltration.

IV. — Le poison typhique pénètre dans l'organisme sain par l'air atmosphérique.

On voit qu'ici l'accord cesse complètement, car cette proposition est juste l'inverse de celle que développe l'auteur du mémoire dans son paragraphe III. Dans ce paragraphe, en effet, il tend à démontrer la parfaite innocuité des émanations des égouts.

(1) Nous pouvons ajouter que les anciens égouts de Lille, n'ayant pas été établis d'après un système d'ensemble, il y a, dans certaines parties, des encuvements dont le contenu ne sort que par trop plein.

On comprend tout ce qu'a de hardi et d'étrange une pareille proposition et nous devons être étonnés qu'elle nous soit produite sous le couvert d'une Administration hospitalière qui a prodigué à Sainte-Eugénie le luxe des appareils en vue précisément de se préserver de ces émanations; est-il prudent, dans l'état actuel de la science, d'émettre de semblables opinions? Nous ne le pensons pas, et malgré l'autorité de M. Bouley, sur laquelle elle s'appuie, nous persistons jusqu'à nouvel ordre à la croire pernicieuse, contraire à l'observation des siècles et pouvant mener aux conséquences les plus extrêmes. Si l'atmosphère des égouts est parfaitement inoffensive, pourrions-nous dire avec M. Vallin, prenez garde qu'on ne vous crie : « A quoi sert-il de dépenser tant de millions pour cette canalisation souterraine? Laissez les ruisseaux de nos rues se transformer en égouts comme au bon vieux temps ; et cherchez ailleurs la cause de l'effrayante mortalité qui régnait à cette époque. »

Voyons donc les preuves à l'appui fournies par l'Administration des hospices. Il y en a trois bien précisées :

La salubrité parfaite de Gennevilliers où s'exécutent les irrigations avec les eaux provenant des égouts de Paris; la santé satisfaisante des égoutiers de Paris ; enfin le cas particulier de M. Bouchardat qui raconte avoir, pendant 22 ans, pêché à la ligne sous les arches du vieil Hôtel-Dieu, près des bouches de déversement dans la Seine des tuyaux y charriant directement les matières fécales, sans en avoir éprouvé le moindre inconvénient.

D'abord la salubrité de la presqu'île de Gennevilliers. Qu'y faut-il voir sinon l'influence salutaire de la large dissémination des principes dangereux par l'air des campagnes, et leur destruction par la végétation? Il importe, en effet, de ne pas déplacer la question ; cette innocuité relative des irrigations à la campagne est bien connue de nous, habitants des Flandres, qui voyons journellement l'engrais humain transporté librement et répandu en nature sur nos champs qu'il fertilise, sans que nous ayons jamais appris qu'il ait rendu malades les campagnards qui le manient.

Sur la santé des égoutiers, nous trouvons une affirmation vague, sans chiffres, sans précision. « Les égoutiers se portent bien, » dit M. Bouley, et après lui l'auteur du rapport. Et c'est tout. Nous répondons par des données formelles : Parent-Duchatelet, l'un des premiers partisans de l'innocuité des émanations d'égouts, avoue avec bonne foi que sur 32 égoutiers dont il observa la santé pendant six mois, quatre contractèrent des fièvres bilieuses et cérébrales, c'est-à-dire, en langage actuel, des fièvres typhoïdes. — D'après le docteur Burq, en 1832, sur 80 vidangeurs, 7 ont succombé au choléra, c'est-à-dire à peu près 1 sur 11, tandis que le chiffre proportionnel de la mortalité sur l'ensemble de la population était de 1 sur 50.

Quant au fait spécial à M. Bouchardat, il ne prouve absolument rien ; il y a, en effet, des conditions individuelles nécessaires pour l'éclosion de la maladie typhique, conditions de terrain sur lesquelles il est bien difficile d'être fixé : l'accoutumance au contact dangereux, l'âge, l'existence d'un état typhoïde antérieur, si léger fût-il, auquel bien peu échappent à un moment quelconque de leur existence et qui semble souvent jouer le rôle de préservatif ou de vaccin. Toutes ces conditions ont leur valeur, et il ne faut jamais les perdre de vue quand il s'agit de préciser l'action des miasmes sur l'organisme.

A côté de ces négations, combien de faits viennent proclamer les dangers des émanations des égouts ! Vous avez beau faire, pendant longtemps encore les individus et les cités s'en préserveront, et les quelques faits à interprétation douteuse que vous avancez ne prévaudront pas contre ce mouvement instinctif qui nous fait nous éloigner quand nous trouvons sur notre chemin des vases d'égouts ou des amoncellements d'immondices ; car les observations que nous pourrions citer sont innombrables. Un bon nombre, et des meilleures, ont été relevées par M. Guéneau de Mussy dans sa réponse à M. Bouley et à M. Bouchardat. Citons-en quelques autres :

Pendant l'épidémie de 1874, à Lyon, M. Alix, médecin de l'hôpital-militaire, signale comme un fait indiscutable la coïncidence de la diminution des malades avec l'apparition des pluies et surtout avec les grandes crues de rivière qui ont lavé les égouts et ont ainsi fait disparaître une des grandes causes d'insalubrité (Cité par M. Arnould. *Étiologie de la fièvre typhoïde*).

M. Woillez, dans son rapport sur l'épidémie de Courbevoie, relate les faits suivants : « Il n'y avait aucun malade dans le bâtiment occupé par le 102e de ligne, dont les quatre bataillons occupaient les quatre étages, lorsque la fièvre typhoïde s'y déclara trois jours après que le vent du Sud, en avril, eut projeté les miasmes vers cette partie de la caserne. Le nombre des cas de fièvre typhoïde diminuait à chaque étage à mesure qu'on s'éloignait du voisinage de l'égout; ainsi, au rez-de-chaussée, il y en avait plus qu'au premier, qui lui-même en présentait plus que le second, et ainsi de suite. »

Rappelons enfin les épidémies de Windsor, de Westminster, de Bruxelles, de Kinwood, etc., dont la cause a été trouvée dans les mauvaises conditions des égouts. (1)

Nous pourrions continuer, mais les observations sont classiques et il nous suffit d'indiquer le bien fondé de notre opinion.

Donc la fièvre typhoïde peut entrer par l'appareil respiratoire; elle peut nous venir des égouts, et comme l'agent contagieux est contenu dans les matières fécales, nous sommes autorisés, de ce chef encore, à croire au danger d'y laisser, non pas courir, comme à Paris, mais stationner, hélas! comme cela aura lieu

---

(1) Les mêmes données ont été mises hors de doute par la triste expérience qu'a faite la ville de Lyon en 1874. L'épidémie de fièvre typhoïde qui y a régné a montré l'influence désastreuse des émanations d'égout et de cloaques malsains pour la production de la maladie *(Rapport sur l'épidémie de fièvre typhoïde de 1874*, par M. Rollet, page 64 et *passim)*.

à Lille, les matières excrémentitielles typhoïgènes ou cholérigènes. Car ce que nous disons de la fièvre typhoïde a été aussi bien démontré pour le choléra, ainsi qu'il appert de la petite statistique sur la mortalité des vidangeurs que nous avons reproduite. Et nous conclurons, citant les propres expressions de M. Guéneau de Mussy : « En présence de pareils faits, n'est-on pas en droit d'être effrayé du projet qui veut jeter dans les égouts toutes les matières des vidanges, et n'a-t-on pas lieu de se préoccuper de celles qui y pénètrent déjà? »

V. — « Nous sommes en droit de conclure que les matières fécales, à l'état frais, ne dégagent aucune émanation insalubre. Mais en est-il de même quand ces matières ont fermenté? » — Ainsi s'exprime le rapporteur dans son 4e paragraphe, qu'il consacre à démontrer le danger des matières dans ces nouvelles conditions. Or, nous avons le regret de le dire, la contradiction est flagrante entre le 3e et le 4e paragraphe.

On vient de nous montrer la parfaite innocuité des eaux d'égouts, et l'on veut nous faire croire aux dangers des fosses sous prétexte que les matières n'y sont pas à l'état frais! Mais, croyez-vous qu'elles seront longtemps à l'état frais dans nos rigoles souterraines à pente faible, en contact avec des matières organiques en fermentation permanente, et cela avec une température qui s'élève jusqu'à 60°, quand les industriels y envoient des vapeurs et des eaux de condensation? En vérité, notre esprit se refuse à cette distinction subtile.

Sans doute, la fosse fixe n'est pas un idéal, nous en convenons sans peine; nous admettons avec vous que le tuyau d'aspiration des fosses ne fait que disperser dans l'atmosphère urbaine les principes odorants et miasmatiques des réservoirs domestiques. Mais nous préférons de beaucoup cette aspiration à celle de nos bouches d'égout, qui n'ont nulle part de cuvette réellement hermétique, et qui s'ouvrent au niveau du sol; au moins les cheminées d'appel s'ouvrent au-dessus des maisons; et, à cette hauteur, les courants aériens ont bien des chances de disperser au loin ces gaz fétides avant qu'ils ne retombent dans nos habitations par leur propre poids ; on n'en peut dire autant des gaz d'égout, car les courants d'air de la rue n'ont d'autre résultat que de les faire plus sûrement pénétrer dans nos maisons.

On nous montre les oscillations de la température et de la pression atmosphérique aspirant, d'une fosse d'aisance, d'une capacité de 18 mètres cubes, jusqu'à 19 mètres cubes de gaz en 24 heures ; mais ces oscillations sont-elles sans effet sur la sortie des gaz d'égouts, et ne voyons-nous pas de nos yeux sortir, sous ces mêmes influences, les vapeurs pestilentielles de nos égouts couverts et découverts ? La contradiction nous paraît manifeste, et l'auteur ici plaide notre propre cause, car jamais à Lille vous ne réaliserez votre idéal de matières stercorales conservant dans nos égouts ces qualités de fraîcheur que vous annoncez.

A la page 18, le mémoire nous accuse de bénéficier d'une équivoque, quand nous nous appuyons de l'autorité du professeur Jaccoud ; ce savant croit, en effet, dans une assez large mesure, à l'innocuité des égouts de Paris. Mais M. Jaccoud pense tout autrement quand les conditions d'entraînement ne sont pas réalisées comme elles le sont à Paris. Voici, en effet, les conclusions de son discours du 13 mars dernier :

« Les causes typhogéniques, dit-il, peuvent se résumer ainsi :

1º Insuffisance de l'irrigation et de la pente des conduits excrémentiels ;

2º Stagnation des matières ;

3º Communication indirecte entre les canaux d'égout et le système de conduites d'eau. »

Il semble que M. Jaccoud, en parlant ainsi, ait voulu avertir notre Administration locale. A Lille, en effet, l'irrigation des égouts est insuffisante, ainsi que la pente des conduits ; à Lille, les matières communes sont en stagnation et les matières fécales s'arrêteront. Où est l'équivoque ?

Mais si nos égouts ne soutiennent pas la comparaison avec ceux de Paris, la supériorité de nos fosses est incontestable et, par conséquent, le tableau effrayant que le rapport fait des dangers de ces fosses est, en partie, atténué. Leur établissement est, à Lille, bien surveillé ; on est en droit d'exiger qu'elles soient étanches et munies d'une cheminée d'appel ; elles correspondent, en général, à des cabinets munis d'appareils obturateurs ; la distribution d'eau mise à la disposition des particuliers permet d'y établir des systèmes laveurs ; enfin, leur capacité est, en général, médiocre, vu la population restreinte des habitations.

Ces conditions heureuses sont loin d'être remplies à Paris où les fosses, en raison du nombre de locataires de la maison, sont généralement très-vastes et aboutissent à des cabinets mal entretenus. Et qu'on ne nous accuse pas trop de retarder sur la civilisation, car les fosses parisiennes, actuellement en fonctionnement sont encore au nombre de **87,775**, alors qu'on n'y compte que **12,520** appareils diviseurs et **19,203** fosses mobiles. A Paris, ainsi qu'en attestent ces chiffres, le système des fosses fixes est donc encore *le moyen ordinaire*.

Des arrêtés récents, il est vrai, ont autorisé leur suppression, et leur remplacement par des tinettes-filtres, partout où cette suppression est possible ; mais cette suppression est impossible à Lille : la disposition de nos terrains, l'absence de fleuve, l'état imparfait de notre réseau souterrain, tout s'oppose à ce que nos sages réglements de voirie, interdisant l'écoulement aux égouts des matières fécales, soient modifiés en quoi que ce soit.

Il manque à l'opinion scientifique que nous soutenons (dissémination des principes contagieux par les matières fécales), le contrôle de l'expérimentation : eh bien ! Faites autoriser demain ce déversement si prudemment interdit, et observez ! Les résultats ne se feront pas attendre.

Il suffit d'énoncer cette donnée, pensons-nous, pour que l'Administration municipale recule, soucieuse qu'elle est de préserver la santé des habitants. Et pourtant l'autorisation demandée pour l'hôpital Sainte-Eugénie entraîne forcément cette conclusion générale, car nous sommes persuadés qu'il n'y a pas place dans l'esprit de nos Édiles pour le privilége et l'arbitraire. Que l'hôpital Sainte-Eugénie déverse aujourd'hui ses matières fécales dans les égouts, et demain tout habitant aura le droit d'en faire autant.

VI Il nous reste peu de choses à dire sur le paragraphe V du mémoire. Il est consacré à l'excellence du système diviseur. Nous savons ce qu'on en doit penser. Nous rappelons nos constatations personnelles, la façon dont l'a caractérisé M. Guéneau de Mussy, la pénurie des arguments en sa faveur, pénurie qui va jusqu'à affirmer l'innocuité des matières fécales typhiques et des miasmes d'égout.

L'auteur du mémoire reprend ici l'argument que nous connaissons et auquel nous avons précédemment répondu : l'extrême dilution des eaux d'égout de Sainte-Eugénie dans le canal des Stations; se basant sur le chiffre moyen du débit de ce canal, 25,920,000 litres en 24 heures, il arrive à montrer que 1 litre d'eau d'égout sortant de Sainte-Eugénie se trouverait mêlé, rien que dans ce canal des Stations, à 2,232 fois plus d'eau que 1 litre d'eau d'égoût de Paris tombant dans la Seine. On voit à quels encourageants résultats mène une statistique bien maniée. Mais, malheureusement, l'équivoque est flagrante, car la comparaison porte ici sur la Seine et toutes les maisons de Paris, d'une part, d'autre part sur le canal des Stations et le seul hôpital Sainte-Eugénie, et cette pauvre statistique changerait vite de figure si le rapport était établi tel qu'il doit être, par la substitution, dans le problème, de l'agglomération lilloise à un hôpital pris isolément; car, nous le répétons, l'autorisation donnée aux hôpitaux ouvre la porte à toutes autres demandes et à toutes autres autorisations ; d'autant plus qu'il sera bien facile aux intéressés de montrer que les matières à évacuer de leurs demeures sont moins dangereuses que des matières d'hôpital.

Nous tenons du reste à reproduire ici quelques chiffres qui modifient considérablement le chiffre moyen du débit de la Deûle, fourni par l'Administration des hospices à l'appui de sa requête dans sa note en date du 11 juillet 1876. Ce chiffre moyen est, d'après cette note, de 2,592,000 hectolitres d'eau en 24 heures. Mais le débit de nos eaux subit de singulières oscillations ainsi qu'on va le voir :

Le débit du canal des Stations s'élève, en hiver, à **700 litres** par seconde ;

Il descend, en été, pendant le chômage, à 200 litres.

Le débit de la Deûle s'élève en hiver à **7000 litres** ;

Il descend en été à 2,770 litres ;

Et il arrive quelquefois pendant le chômage que ce débit tombe à **1,000** litres.

Ces jours-là le débit en 24 heures n'est donc que de **864,000** hectolitres, chiffre bien éloigné des 2,592,000 hectolitres mis en avant par l'Administration intéressée. Et nous devons faire remarquer que ce débit si pauvre coïncide précisément avec la survenue des maladies à diarrhée dont nous redoutons la propagation par nos trop modestes cours d'eau. Ces cours d'eau seraient-ils des fleuves, du reste, que nous aurions encore le droit de répéter à l'Administration des hospices, empruntant les propres expressions de M. Guéneau de Mussy : « Ne nous dites pas que c'est une quantité insignifiante perdue dans le fleuve d'eaux vannes, d'eaux pluviales et d'eau d'irrigation qui circule sous nos rues. Connaît-on la quantité de poison spécifique qui est inoffensive ?... On n'a pas le droit d'affirmer *à priori* qu'une quantité de poison infectieux est insignifiante (1). »

(1) Bulletin acad. méd., p. 332.

Nous finissons ici, Messieurs, la discussion du mémoire que vous avez renvoyé à notre examen et qui est consacré au côté scientifique de la question. Nous avons le regret de dire qu'il n'a modifié en rien nos sincères convictions.

Nous espérons avoir démontré que l'état actuel de la science autorise à admettre les propositions suivantes :

Il existe un poison spécifique pour des maladies aussi spécifiques que le choléra et la fièvre typhoïde ;

Ce poison a pour vecteur, et peut-être pour générateur dans certaines conditions, les matières fécales ;

Partant de là, il pénètre dans l'organisme sain par l'eau de boissons (infiltrations), et par l'air (miasmes) ;

Il se retrouve dans les égouts quand ceux-ci renferment des matières fécales typhogènes ou cholérigènes en état de stagnation ;

Par conséquent, dans les localités comme Lille, où les égouts sont mal irrigués et à pente faible, on ne saurait y autoriser le déversement de ces matières dangereuses.

VII. Il ne nous reste plus qu'à dire un mot des propositions nouvelles de l'Administration des hospices.

La première proposition est la suivante : pour obvier à la dispersion des matières le long de l'égout de la rue d'Es--quermes et de la rue Notre-Dame, et dans les rigoles et canaux en dépendant, l'aqueduc du boulevard Montebello serait prolongé directement jusqu'au canal des Stations ; un barage serait établi au niveau de la rue d'Esquermes, de telle sorte que les matières iraient forcément et directement au canal. Mais où serait le bénéfice ? La rue Notre-Dame serait préservée, mais nos canaux et nos égouts sont solidaires les uns des autres et les eaux dangereuses n'en auraient pas moins libre carrière. Toutes nos objections développées dans notre précédent rapport subsistent avec ce système..

La seconde proposition n'est guère plus acceptable.

Les eaux-vannes de Sainte-Eugénie, chargées des matières que nous savons, seraient conduites directement à l'égout qui suit le boulevard Vallon, le boulevard d'Italie, le boulevard Louis XIV, et se jette dans les fossés de la ville, à la porte du même nom ; de là, elles contourneraient, à ciel ouvert, le côté Est de la ville et viendraient aboutir, hors de la Porte-d'Eau, en Basse-Deûle.

« Plus d'égout à ciel ouvert, plus de stagnation des eaux ! au sortir de la ville, à la porte Louis XIV, l'égout a un débit moyen de 150 litres à la seconde, donc, 130,000 hectolitres en 24 heures. La pente, de la porte des Postes à la sortie de la ville, est de 1 m. 90. Le courant est rapide, on le comprend sans peine, en présence de l'énorme masse d'eau qui sort des établissements industriels. Les vents dominants à Lille étant ceux de l'Ouest, en admettant que quelques émanations sortent de la partie découverte, la ville de Lille serait complètement à l'abri du danger. » — Telles sont les arguments de l'Administration en faveur de son système. Examinons-les successivement.

— *Plus d'égout à ciel ouvert.* — Sauf de la porte Louis XIV à la Basse-Deûle, et le trajet est long. Sur ce trajet, les émanations ont toute liberté pour se répandre au dehors.

— *Les vents dominants, pour cette partie du trajet, préservent la ville de Lille de tout danger.* — A cet égard, l'Administration municipale doit avoir gardé le souvenir des réclamations que l'autorité militaire lui fit parvenir à l'époque où la cunette des fortifications de l'Est recevait les eaux d'égout de Moulins-Lille ; c'était particulièrement les habitants du fort Saint-Sauveur qui avaient à se plaindre de ces désagréments et de ces dangers. Depuis lors le fort St-Sauveur a en partie disparu, mais d'importants établissements militaires sont encore riverains de cette rigole : la caserne Saint-Maurice et la caserne de La Madeleine, c'est-à-dire des établissements déjà bien exposés, par leur nature et l'encombrement relatif qui y règne, aux maladies infectieuses et épidémiques. Et si les vents dominants préservent les populations intra-muros, peut-on en dire autant pour ces immenses agglomérations de Fives, de Saint-Maurice et de La Madeleine qui, elles, sont directement exposées, neuf mois de l'année, aux effluves de cet égout? Sans compter les dangers auxquels ces effluves exposent les très-nombreux individus qui circulent journellement par les portes de Tournai, de Roubaix et de Gand.

— *Plus de stagnation des eaux. Le courant est rapide.*—Voici la vérité :

L'aqueduc du boulevard Vallon ne reçoit que des eaux ménagères et des eaux de condensation : *le débit fait complètement défaut pendant la nuit, le dimanche et les jours fériés*. La température de cet aqueduc, comme de tous ceux qui ne reçoivent pas les eaux de la Deûle, est de 40° centigr. ; cette température s'élève parfois à 60° quand les industriels lachent les vapeurs ; en d'autres termes cet égout remplit complètement les condations favorables aux fermentations et à la dissémination des matériaux miasmatiques.

De plus, pour écouler les eaux de l'hôpital Sainte-Eugénie par le boulevard Vallon, il sera indispensable d'établir, à la jonction des boulevards Vallon et de la Liberté, du boulevard Vallon et de la rue Solférino, des barrages de 40 centimètres de hauteur, pour obliger toutes les eaux de Moulins-Lille à passer par l'aqueduc du boulevard Louis XIV. Cette mesure aura pour effet de détruire, en partie, la solidarité qui existe dans le réseau des égouts.

Telles sont les raisons sérieuses que nous avons à objecter au projet des hospices, et que nous signalons à l'attention de l'autorité. On voit que, malgré notre vif désir de conciliation, nous ne pouvons admettre ces projets nouveaux, et que nous sommes forcément ramenés, malgré nous à certains points de vue, à nos précédentes conclusions.

Certes, les fosses fixes ne sont pas le dernier mot de la science hygiénique; elles ont des inconvénients et présentent parfois des dangers incontestables : mais tout système de vidange offre ces dangers, car le danger n'est pas dans tel ou tel appareil, il est dans la matière elle-même, et celle-ci ne peut être supprimée. Il n'existe pas, à proprement parler, un système meilleur que tous les autres. Et dans des questions de ce genre c'est l'état des localités qui, seul, doit imposer le choix à faire.

Si nous pouvions librement choisir à Lille, nous ralliant à l'opinion de M. Fonssagrives, nous mettrions beaucoup au-dessus des fosses fixes le système des tinettes renfermant l'intégralité des vidanges, avec occlusion hermétique et enlèvement des appareils pour en déverser le produit au dehors. Malheureusement ce système ne nous a pas paru applicable, surtout pour un établissement de l'importance de Sainte-Eugénie, car il entraînerait à des dépenses considérables et à des transports incessants. Mais nous mettons sans hésitation les fosses fixes bien au-dessus des appareils prétendus diviseurs dont l'application, sans doute dangereuse ailleurs, est absolument inacceptable à Lille, ainsi que nous croyons l'avoir surabondamment prouvé.

En conséquence, Messieurs, nous avons l'honneur de vous proposer de remercier l'Administration préfectorale et municipale d'avoir bien voulu nous communiquer le Mémoire de la Commission administrative des hospices, et de leur présenter les conclusions suivantes :

1° Le Conseil central d'hygiène et de salubrité du département du Nord ne croit pas devoir modifier le jugement qu'il a porté sur le système diviseur appliqué à la ville de Lille;

il le condamne absolument, surtout lorsqu'il s'agit d'en autoriser le fonctionnement dans un hôpital ;

2° Le Conseil, considérant qu'il y a impossibilité de faire mieux, recommande de nouveau le système des fosses fixes, qui, installées dans de bonnes conditions, seront sans danger pour l'hôpital Sainte-Eugénie et épargneront à la ville une expérience probablement désastreuse.

Signé : Dr HALLEZ, rapporteur.

Après discussion de ce rapport, le Conseil en a adopté, à l'unanimité, les conclusions, avec cette réserve proposée par M. le Préfet que, pour ne pas retarder et entraver l'ouverture de l'hôpital Sainte-Eugénie, de concert avec M. le Maire, il prescrira un délai très-rapproché pour la construction de fosses fixes, à l'expiration duquel toute communication entre les liquides excrémentitiels et les aquéducs sera rigoureusement interceptée, conformément aux arrêtés municipaux, en date des 11 avril 1811, 8 juin 1849, 15 mai 1873, et à l'arrêté général de police du 2 juin 1875.

Pour copie conforme :
Le Vice-Président,
Signé : V^{or} MEUREIN.

Lille, imp. L. Danel.

www.ingramcontent.com/pod-product-compliance
Lightning Source LLC
LaVergne TN
LVHW050556090426
835512LV00008B/1193